僕がパーソナルトレーナヒデトレです。

動けるカラダがキレイをつくる

こんにちは、ヒデトレです。
あなたの今のカラダは、よくも悪くも
あなた自身の日常のクセがつくりあげたものです。
クセとは無意識の動作。よいクセはそのままでいいけれど、
問題なのは悪いクセ。でも、その悪いクセを知って直せれば、
カラダは必ずよいほうへ変わります。
そのために大切なのが、正しく動ける体をつくること。
みなさんは子どもの頃、お箸の持ち方は教えて
もらっているはずですが、指の動かし方って
教えてもらったことはないのではないでしょうか?
ヒデトレが教えるのは、
このお箸のたとえでいうなら指の動かし方です。
つまり骨や筋肉を正しく動かすための方法。
この本ではまず、「呼吸」「背骨」「足裏」にフォーカス。
使えているようで使えていないカラダを目覚めさせる
ことから始めます。フォームや回数にとらわれず、
カラダがどう反応しているか、
しっかりカラダと会話してみてください。
これがなりたいカラダになるための第一歩です。

独自のメソッドが大人気!

ヒデトレ レッスンを誌上体験!

ボクが伝えたいのはカラダのすみずみまで目覚めさせる方法。
言葉をかけながら、メンタル面からもアプローチ。
ボクがどんなふうにカラダと向き合っているか、ちょっとのぞいてみて!

ヒデトレでカラダづくりに取り組むモデルのなごみさん。「ウエストのくびれもほしいし、ヒップアップも」

変わりたいならやればいいし、
やらないということは
変わりたくないってこと

なるほどー!

ハイー!

足裏まで神経がいきわたるカラダにならないときれいになれないよ!

ゴロゴロ

麺棒を踏んで足裏を刺激。カラダを目覚めさせる超ベーシックな運動。

マネしてみて~

タッチ法って知ってる?

カラダに触れる(タッチ)とその部分の反応がよくなるので運動を効果的に行えます。指導の際、カラダに触れるのはそのため。

詳しくはDVDで

のびっ!!

運動は回数やフォームにこだわるのではなく、**カラダがどう感じているか**を知ることが大切

もっと もっと!!

自分のカラダの左右の違いをよく観察。動きにくいほうをしっかり行って

自分のカラダは自分で好きなようにデザインできるよー

Ahhhhh!

「見た目が立体的だときれいにみえる。立体感をつくるのが筋肉だ。」とデトレ

背骨を伸ばして、尾てい骨から首までを目覚めさせる基本の運動。

どんなふうに
筋肉が伸びているか、
自分のカラダを
感じながら行って

どうしたいの？

お尻が悩み
なんです

じゃ、このポーズ

!?

足裏をしっかりついて
カラダを
リフトアップ!
呼吸は止めないで

背中、お尻、太もも裏を感じながら行うヒップアップ運動。

動かせば動かすほど、
カラダのスイッチが
入ってくるよ

わかりましたー

痛ーーーーい!!

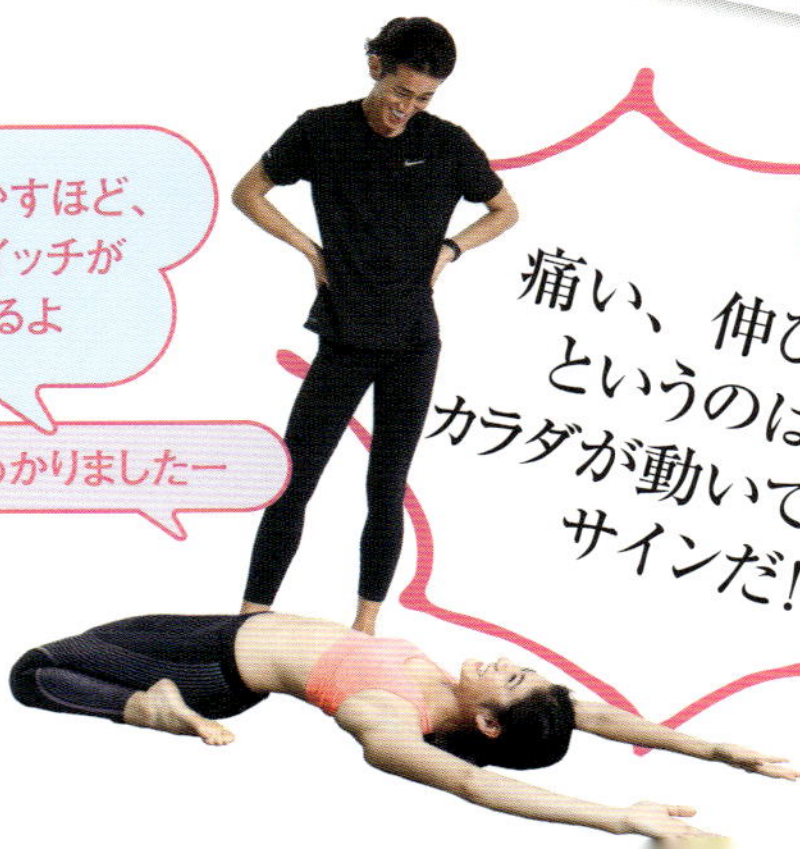

痛い、伸びない
というのは、
カラダが動いていない
サインだ!

どうして脚がきれいに
みえるか知ってる?
ふくらはぎの位置が
高いからなんだよ

Check!

自分のカラダには
使っていないところが
たくさんある。
使ってないから美しくない!

人間は脊椎動物なんだから、
背骨を使って
あげなきゃ退化しちゃう

ヒデトレ
レッスンを
誌上体験!

大きく胸を開き
大胸筋を使う
ので、バストアッ
プにも効果的
な運動。

レッスンを終えて

股関節が硬く足の運びが悪いなど、自分のカラダの悪いクセを言い当てられたときは、カラダをスキャンされたみたいでびっくり。ヒデトレをしてわかったのは、自分のカラダが動きにくくなっていたということ。これに気づいてからカラダへの意識が変わって、手先足先まで丁寧に動かすようになりましたね。2か月続けたら、お尻の位置そのものがぐっと上がってハート型に。もちろんこれからも続けます!(なごみさん)

Contents

How to Use DVDの使い方

DVD 60分

本書のここをみるとどの運動が
DVDに収録されているかわかります!

Wake Up Your Body

背骨力をつける運動　DVD収録……有・無　ストレッチの目安……10 呼吸

背骨伸ばし

縮こまっている背骨に刺激を与えます。
腕から脇、背中全体の筋肉をストレッチ。
お尻から首をつなぐ背骨を意識するレッスンです。

初めてトライする初心者に向けた
ヒデトレからのメッセージが聞ける!

DVDメニュー画面

普通は見られない!
研ぎ澄まされたヒデトレボディの
イメージ画像が見られる!

注意　●視聴の際は、部屋を明るくし、画面から離れてご覧ください。長時間続けての視聴は避け、休憩をとりながらご覧ください。●DVDは映像と音声を高密度に記録したディスクです。12センチDVD対応のプレーヤーで再生ください。なお、DVDドライブ付パソコンやゲーム機などの一部の機種では再生できない場合があります。使用環境や操作方法についてのお問合せには応じかねますので、ご了承ください。また、プレーヤーやデータに万一何らかの損害が生じても、いかなる補償もいたしかねます。●ディスクは両面とも指紋・汚れ・キズ等をつけないようにとり扱ってください。また、ディスクに対して大きな負荷がかかると微小な反りが生じ、データの読み取りに支障をきたす場合もありますのでご注意ください。●このディスクを無断で複製・放送・上映・配信することは法律により禁じられています。●図書館における館外貸し出しが可能です。

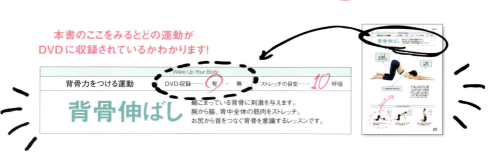

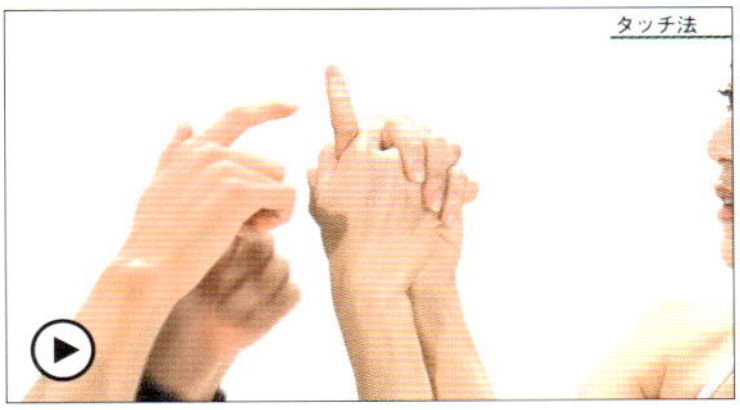

本書5ページ

まず知っておきたいタッチ法

本書の5ページでもちょっとだけとり上げているタッチ法を詳しく解説しています。
ヒデトレを始める前にみるのがおすすめ。トレーニング中に
カラダに触れることの大切さがよくわかります。友人や恋人同士でやってみましょう。

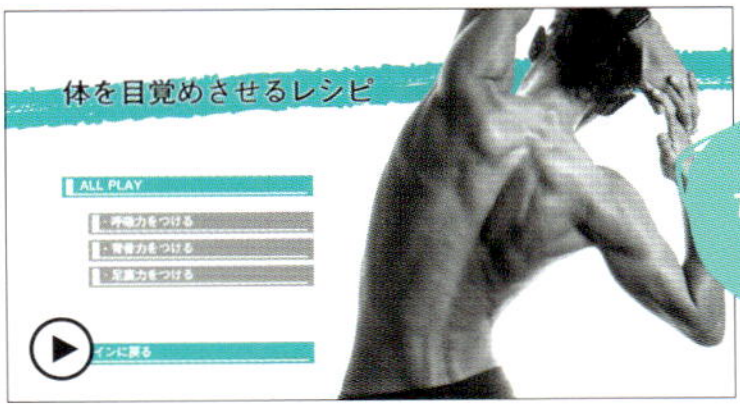

本書13ページから

ヒデトレが運動のコツを解説

ヒデトレが運動の方法やポイントをわかりやすく解説します。

本書43ページから

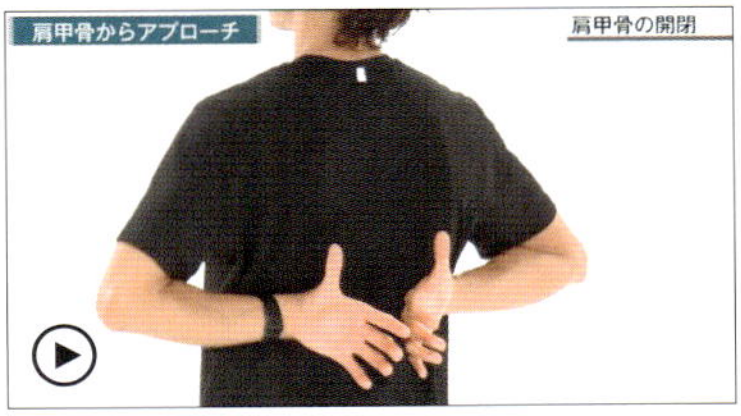

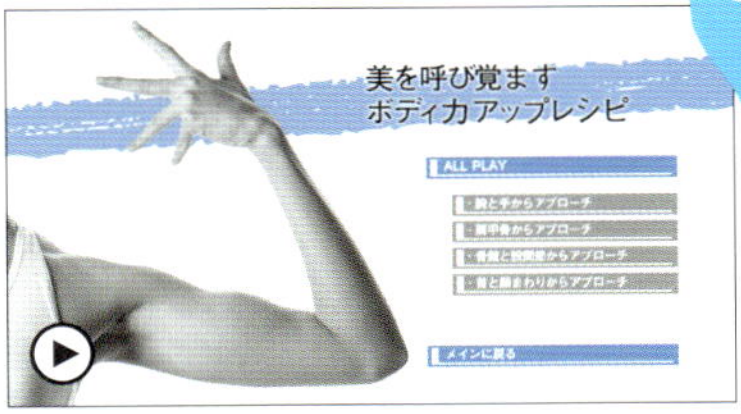

みながらできる実践編を収録

DVDを見ながら、ヒデトレと一緒にエクササイズできるようになっています。

本書71ページから

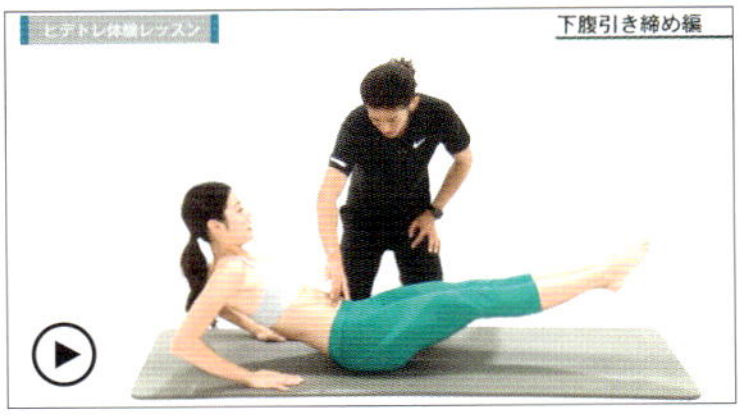

部位別のカラダ作りがわかります

ヒデトレを体験

モデル・なごみさんのヒデトレ体験を収録。ヒデトレの指導を
実際に受けているような気分が味わえます。
カラダとの向き合い方がわかるヒデトレのアドバイスにも注目!

Rules
「ヒデトレ」を行うときのお約束

- 運動中は**呼吸を止めないで**ください。
吸うときは**鼻から息を吸う**のが基本です。

- 回数で**10呼吸**とあるのは、**吸って吐いてを1呼吸**。
これを**10呼吸繰り返す**という意味。回数の目安を掲載していますが、あくまでも目安。体調が悪かったり、途中で気分が悪くなったときはすぐに中止してください。

- 運動を行うときは、できれば**ヨガマットを敷いて**行ってください。

- 運動を行うときは、**動きやすい服装**で行ってください。

- 運動を行うときは、**水分をとりながら**実践してください。

- **腰やひざなど関節が痛いときは中止**すること。
痛みがなくなってから取り組んでください。

- **妊娠中の場合**は、**医師に**
行っていいかどうかを相談してからにしてください。

A NEW WAY TO MAKE A
BEAUTIFUL BODY !

RECIPE 1

カラダを
目覚めさせるレシピ

ます

人間のカラダは、驚くほど複雑な動きをすることができますよね。できないと思っていた動きも、毎日繰り返すことでできるようになるんです。

人間の動きってどう生み出されるかというと、脳から指令が出る→神経を通る→体に伝わる→筋肉が動くという経路をたどって生まれます。

If You Move Consciously One Finger,
The Body Changes In One Day

指1本を意識的に動かせばカラダは1日で変わり

筋肉は多くの場合、骨にくっついています。骨は体の枠組み＝骨格で、骨と骨がつながる場所が関節です。あたり前ですが、関節があるからカラダを曲げたり、動かすことができるのです。

ボクがパーソナルトレーニングで感じるのが、動くべきところがきちんと動いていない人が多いなあということ。指は1本1本を指先まで十分に使ってますか？　カラダはどんな小さな部位でも使わないと動かなくなる。動かないということは、そこにつながる神経、筋肉、骨、関節がさびついてしまうということ。これがボディラインの乱れにもつながります。

トレーニングを受ける方にいつもいうのは「動かないと、カラダが退化しちゃう。まずはカラダを目覚めさせ、本来の動きができるよう機能的なカラダにしよう」ということ。カラダの内側に目を向けて、骨や筋肉を感じながら動かせば、動くべきところがきちんと動くようになります。1日やっただけでカラダは内側から変わります。これはなりたいカラダをつくるための土台となります。

Hidetore Lecture 01

“なりたいカラダになるには 動けるカラダづくり が大切だよ”

Check!

動けるカラダづくりのカギ

Breath

呼吸をきちんと行うこと

鼻呼吸が基本です。
ゆっくり大きく呼吸をすること。
酸素をたくさん取り込めると脂肪が
燃えやすいカラダに。呼吸については
24ページでも紹介します。

Feel

カラダを感じること

運動中は意識をカラダや動作に
向けてください。どこの筋肉が
伸びているのか、どこの関節が刺激を
受けているのかなど、体内の
見取り図を思い描きながら。

Touch

カラダに触れること

触感は脳に伝わります。
運動中に触れると、そこの筋肉の
反応がよくなり動きがスムーズに。
普段から気になる部位を
触ってあげることも大切です。

ヒデトレが目指すのは、動けるカラダ＝生きやすいカラダ、です。この本ではそのための運動を紹介しますが、大切な心構えが上の3つ。

一番重要なのは、呼吸。筋肉を動かすエネルギーを供給してくれるだけでなく、脂肪が燃えやすいカラダにしてくれるから。呼吸は胸式でも腹式でもゆっくり深く呼吸して。

ふたつめは、カラダを感じてほしいということ。なんとなくカラダを動かすのではなく、筋肉が伸びている、吸い込んだ息がカラダにいきわたっている、というようなことを感じながら行ってほしいのです。

そして3つめが、気になるところに触れること。長年の指導経験で実感したのが、触れるとその部位の反応がよくなるということ。たとえば、腰の筋肉があまり動かないときは、そこを指先で触れるとよく動き、効率よく運動ができるようになります。

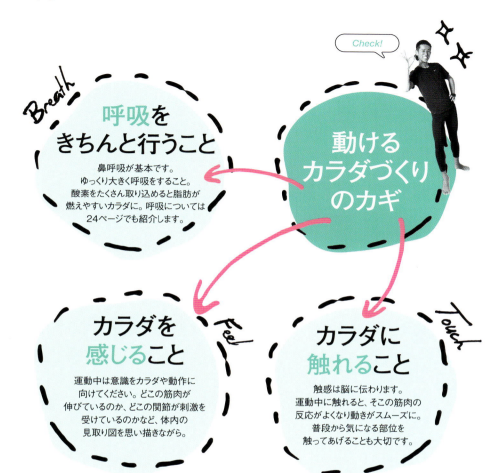

Hidetore Lecture 02

“カラダを動かす よいクセで きれいになろう”

動かないから美しくないわけ

Start!!

カラダを動かさない

カラダを動かさないということは、筋肉や骨に負荷がかからないということ。脳とカラダを結ぶ神経間でのやりとりも少なくなることに。

動かないから筋肉が硬くなる

筋肉が硬くなれば関節の動きも悪くなります。つまり、可動域が狭くなるということ。動きが悪くなり、消費エネルギーも少なくなります。

脂肪がたまる・むくむ・たるむ

エネルギー源となる脂肪は燃やされないので、たまる一方。代謝の悪いカラダになり、老廃物などもたまりやすくなります。

ボディラインが崩れる

余分な脂肪がつき筋力が衰えることで、ボディラインは崩れます。カラダだけでなく顔にも筋肉があるのでフェイスラインも同様です。

カラダに負の形状記憶が刻まれる

動かないというクセから生まれた悪い体型がカラダに形状記憶され、動く習慣に変えない限り、このサイクルは続くことに。

脚が太い、くびれがないなど、いろいろなカラダの悩みがあると思うけど、今のカラダはこれまでの動かない習慣がつくったもの。動かない→筋肉が硬くなる→脂肪がたまる→ボディラインが崩れる→悪いクセがカラダに刻まれる、という図式です。次ページではこんな悪いクセが崩れたボディをつくる!という例をあげています。どこがよく動いていないのか、はっきりとわかるはずです。

だから、動ける機能的なカラダになってそのクセをなくせば、カラダは変わる、というのが持論。

カラダはマイナスのものでもプラスのものでも、形状記憶してしまうもの。太い脚も、動かない結果できてしまったもの。その負の形状記憶が刻まれてしまったのが今のカラダです。そんな負の形状記憶を、プラスの形状記憶に変えるために行ってほしいのがヒデトレなんです。

カラダをつくります

背中が
使えてないと
カラダの前の筋肉が
退化して……

↓

Hidetore's Advice

肩甲骨をよく
動かすことで大胸筋が
使えるようになりバストを
持ち上げてくれる!

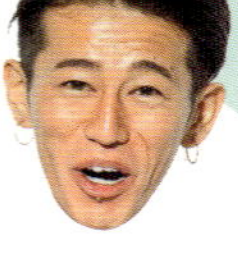

足裏を
使えてないと
ふくらはぎが
退化して……

↓

Hidetore's Advice

足裏を使えるように
なるとふくらはぎの位置が
高くなる。そして脚が
長くみえるように!

知っておこう!

悪いクセはこんな

しっかり呼吸が
できてないと
お腹が
退化して……

太もも裏が
緊張してばっかり
いるとお尻が
退化して……

Hidetore's Advice

お腹が気になるなら、
まずは深い呼吸を実践。
腹筋を使えるようになり
引き締まる!

Hidetore's Advice

太もも裏を柔らかくすれば、
お尻の筋肉も
よく動くようになり
ヒップアップ効果が

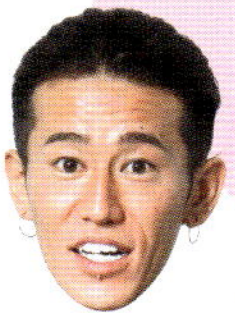

Hidetore Lecture 03

“カラダを目覚めさせる3つの力を知る”

Three Powers!!

power 01: BREATH
呼吸力

呼吸力がつくとたくさんの酸素をカラダに供給することができ、活動量もアップ。カラダだけでなく、脳の働きもよくなるので、運動効果も高まると考えられます。

power 02: SPINE
背骨力

背骨力をつけるというのは背骨の柔軟性を高めるということ。背骨の関節が共同して働くことで背骨がしなやかになります。これが神経の通りをよくすることに。

power 03: SOLE
足裏力

足裏力がつくと、神経の通りだけでなく血行もよくなります。運動の起点となる足裏を上手に使えると、姿勢だけでなく、筋肉のつき方も変わり、ボディラインがきれいに。

それでは、動けるカラダをつくるためにはどうすれば？　ボクはまず3つの基本ができるようになることが大切だと思い、運動指導を行っています。それが呼吸力、背骨力、足裏力の3つです。正しく呼吸ができる力、背骨をしなやかに動かせる力、足裏を使いこなせる力をつけて、カラダを目覚めさせるのです。

呼吸では肋間筋《ろっかんきん》や横隔膜《おうかくまく》といった筋肉が働きます。ですから、これらの筋肉を上手に動かす呼吸法の実践が大切になります。

そして、骨格の中心部にあるのが背骨。背骨は、中に脳からの司令を末端に届ける神経が通っている重要な部位。しなやかな背骨にすれば、神経の通りもよくなります。

脳から一番遠い足裏も重要な部位。感覚が鈍りがちな足裏をよく動かせば、全身の感覚を呼び起こすことができます。

warm-up 01: BREATH

呼吸力をつける

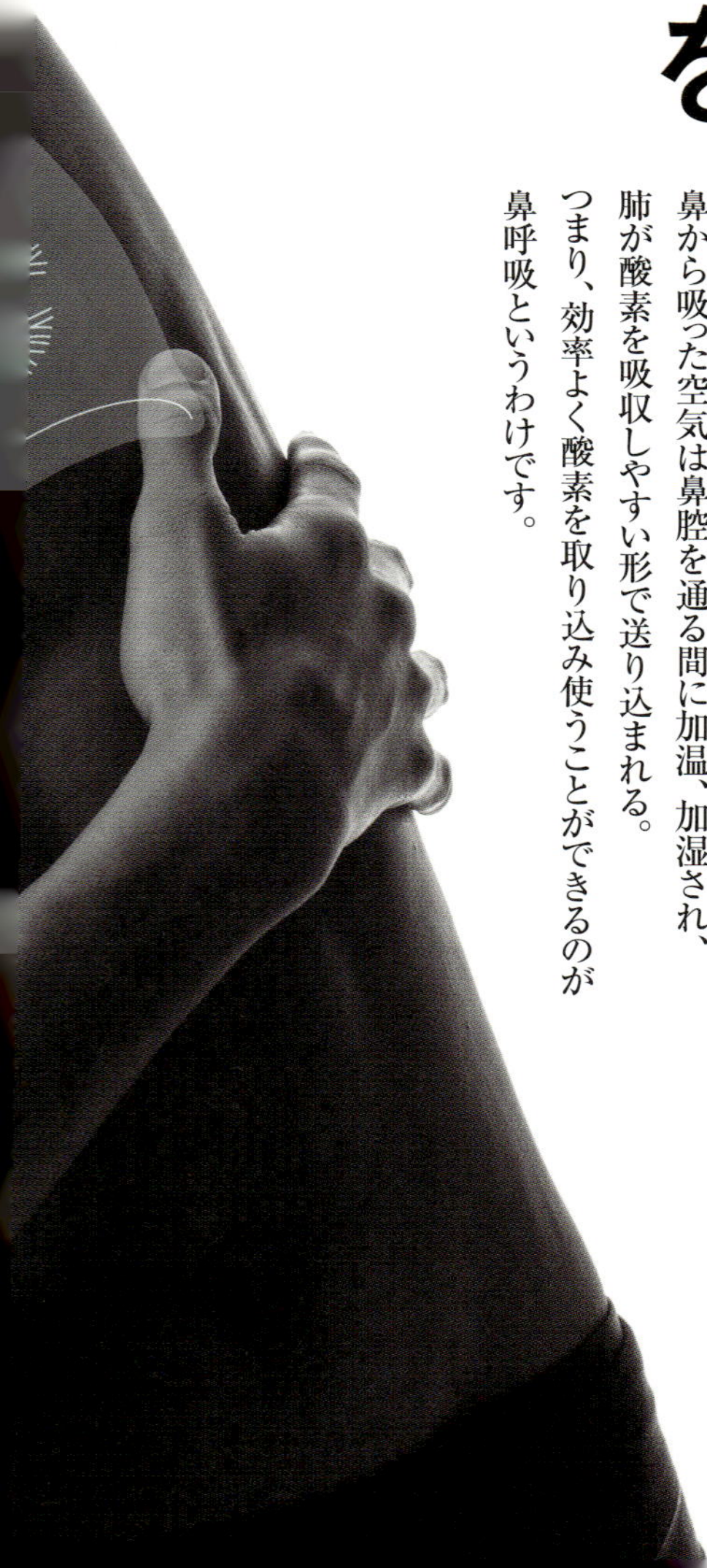

まずは呼吸力。呼吸って1日に2万回以上しているの、知ってました？
1日に腹筋2万回、あるいは、スクワット2万回やっていたら、
カラダはすごく鍛えられるよね。呼吸をするときに使われるのが、
肺を包む肋骨の筋肉（肋間筋）と横隔膜です。
呼吸を意識することはこうした筋肉の働きを高めることにつながります。
ゆっくり意識して呼吸すれば腹筋運動にもなるから、
お腹だって引き締まる。だから、呼吸を意識してほしいよね。
さてその方法。
人は鼻と口の両方が気管につながるので、口でも鼻でも呼吸できます。
でも、ボクがすすめるのは鼻呼吸。
鼻から吸った空気は鼻腔《びくう》を通る間に加温、加湿され、
肺が酸素を吸収しやすい形で送り込まれる。
つまり、効率よく酸素を取り込み使うことができるのが
鼻呼吸というわけです。

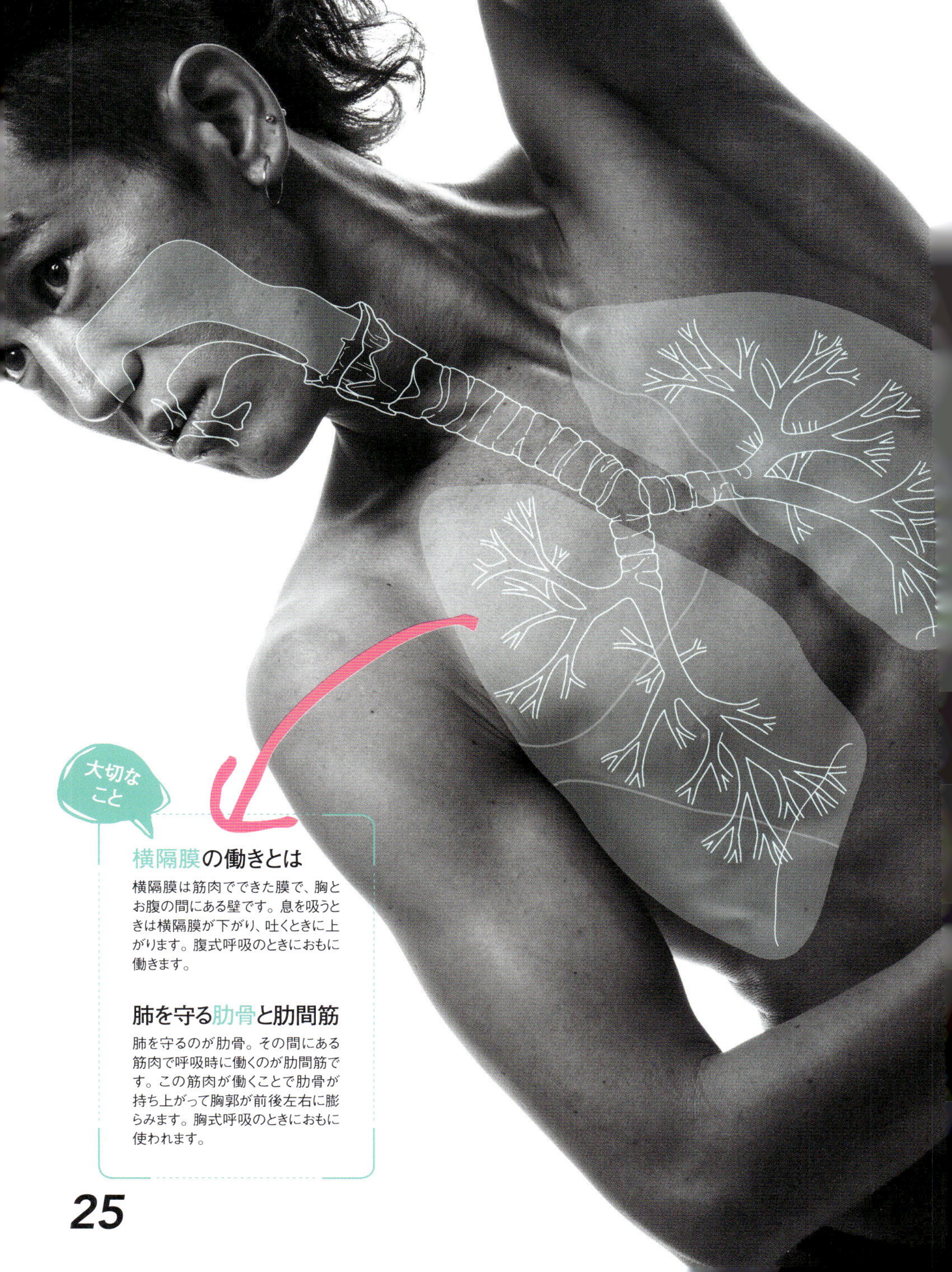

大切なこと

横隔膜の働きとは

横隔膜は筋肉でできた膜で、胸とお腹の間にある壁です。息を吸うときは横隔膜が下がり、吐くときに上がります。腹式呼吸のときにおもに働きます。

肺を守る肋骨と肋間筋

肺を守るのが肋骨。その間にある筋肉で呼吸時に働くのが肋間筋です。この筋肉が働くことで肋骨が持ち上がって胸郭が前後左右に膨らみます。胸式呼吸のときにおもに使われます。

Wake Up Your Body

呼吸力をつける運動	DVD収録……有・無	回数の目安……10呼吸

腹式呼吸

呼吸時は、肋骨と肋骨の間の筋肉、
横隔膜（これも実は筋肉!）、背中やお腹の筋肉を使います。
それらの筋肉の動きを感じながら呼吸してみて。

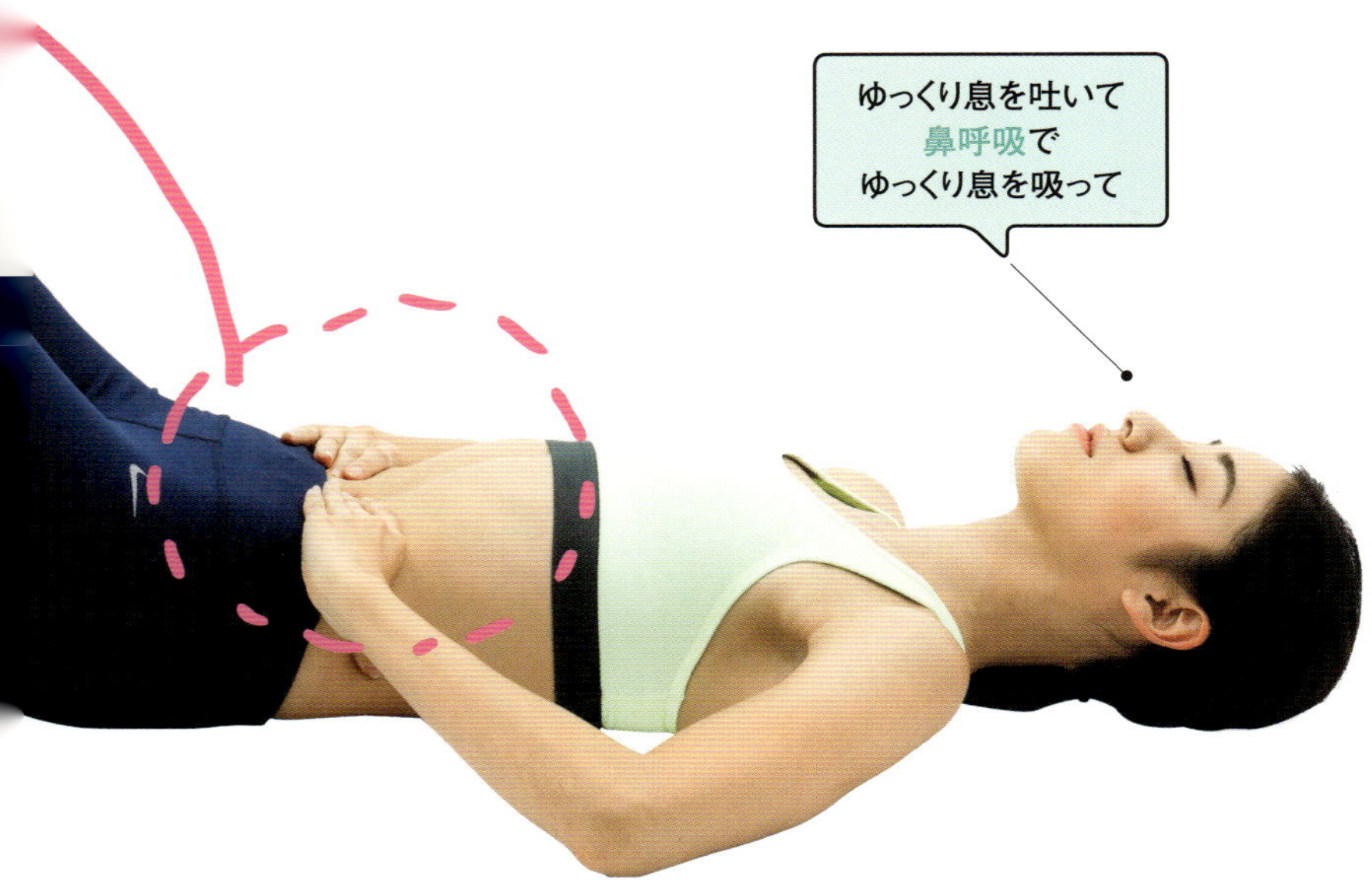
ゆっくり息を吐いて
鼻呼吸で
ゆっくり息を吸って

覚えておこう!

Learning

"鼻うがい"で呼吸をスムーズに

前ページで、鼻呼吸は大切だという話をしたけど、パーソナルトレーニングでたくさんの人をみていると、鼻の通りが悪い人が多いんだなって感じる。

呼吸が大切だといっても、鼻の通りが悪かったら効果も半減。だから、ボクは必ず"鼻うがい"をすすめているんだ。聞いたことない？　つまりのどをうがいして洗うように、鼻の中（鼻腔内）を洗うんだ。ボクは毎日、市販の鼻洗浄液を使ってやってるよ。終わったあとはスースーして気持ちいいし、鼻から息を吸ったときの通りがよくなっているのを実感。それに風邪やインフルエンザ、花粉症にもかかりにくくなるから、ぜひやってみて。

Check!

1

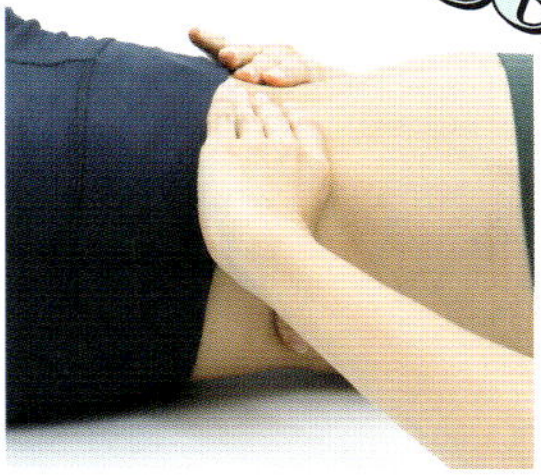

息を吐きながら、お腹をへこませる。お腹を手で絞ることで残った息を吐ききることができる。

2

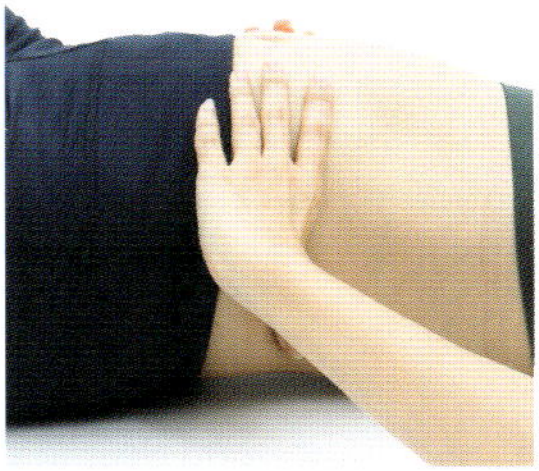

息を吸ってお腹を膨らます。手をお腹にあて、息がどんどんお腹に入ってくることをイメージして。

仰向けになってひざを曲げ、足裏は床につける。背骨を床にしっかりつけ、息を吐くことからスタート。口から息をふっーと吐き、もうこれ以上吐けないと思ったところから、さらにお腹をへこませながら、ふっ〜、ふっ〜とさらに息を吐ききる。そして、そこから大きく、ゆっくりと息を少しずつ吸い込んでいく。

腹圧を高めて効果を上げる

腹圧とはお腹の圧力のこと。簡単にいうと、お腹を膨らませる力。うまく使えるようになると腹式呼吸はスムーズに。さらに体幹は安定し、お腹も引き締まるはず。お腹を膨らませたまま、息を吸ったり吐いたりすると腹圧の使い方がわかるはず。

Check

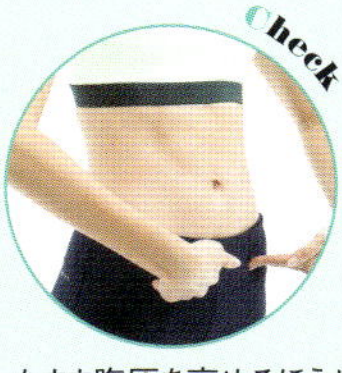

立ったまま腹圧を高めるほうが難しい。写真のように下腹に指をあててトライ!

Check

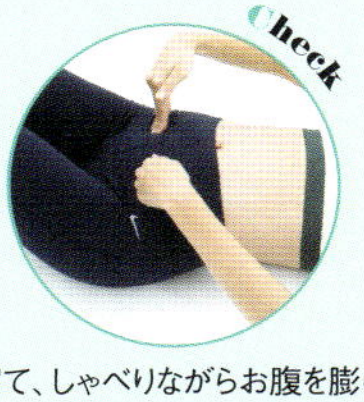

寝て、しゃべりながらお腹を膨らませてみて。お腹に手をあてながらお腹が膨らむのを感じて。

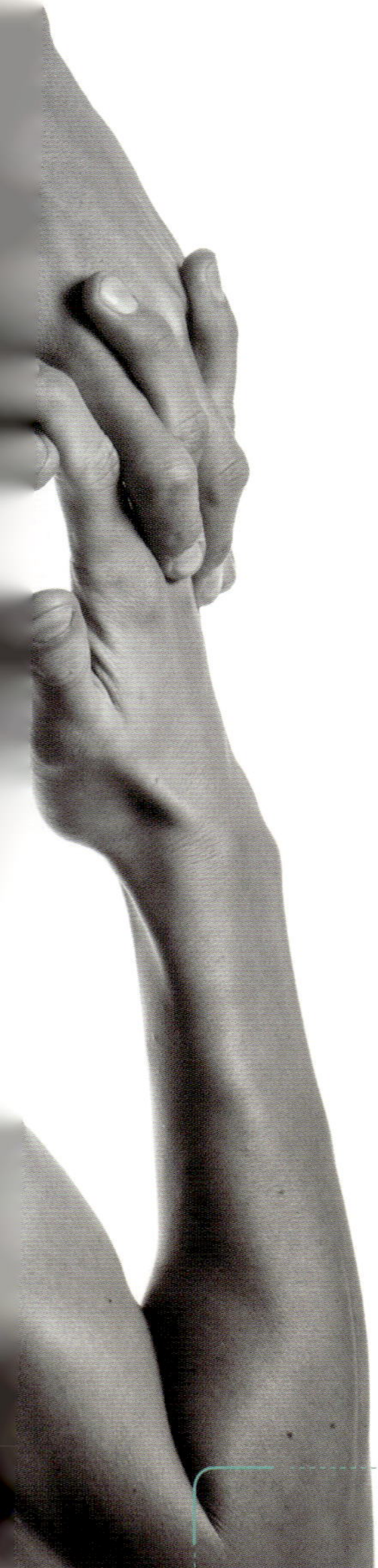

warm-up 02： SPINE

背骨力をつける

背骨は、首からお尻にかけて入る骨の柱です。頭とカラダの中心部分を支えています。背骨がひとつのまっすぐな骨だと思っている人、いないですか？背骨にはカーブがあり、椎骨《ついこつ》と呼ばれる小さい骨がつながってできています。椎骨の間にあるのがゼリー状の椎間板《ついかんばん》、クッションの役目があります。こうしたしくみがあるから、背骨を動かせたり、ひねったり、曲げたりすることができるのです。背骨は上から頸椎《けいつい》、胸椎《きょうつい》、腰椎《ようつい》の3つに分けられますが、それぞれ椎骨の形が違い動き方にも違いがあります。しなやかな背骨とは、椎骨ひとつひとつを可動域限界まで動かせる状態です。背骨の中には脳とカラダをつなぐ神経の束があります。背骨の柔軟性を高めて整えることで、カラダの末端への神経の通りもよくなりさまざまな動きをサポートします。

大切なこと

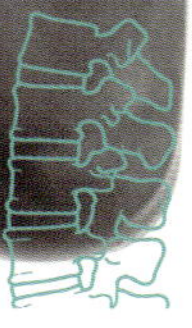

腰椎は可動域が広い

カラダを前に曲げたり、後ろに反らすのが得意。上半身の動きの多くを担っています。

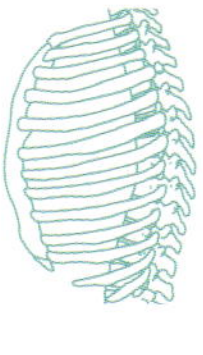

胸椎はねじるのが得意

前に曲げにくく、後ろに反らしにくい部位。ねじるという動作は頸椎と胸椎が担当。

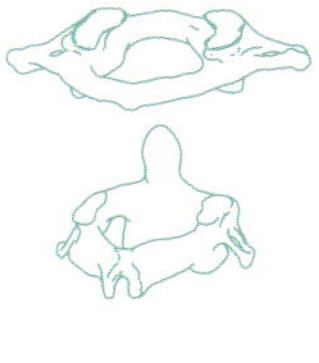

頸椎は可動域が広い

頸椎は左右に回す動作など、背骨の中で最も自由な動きができます。

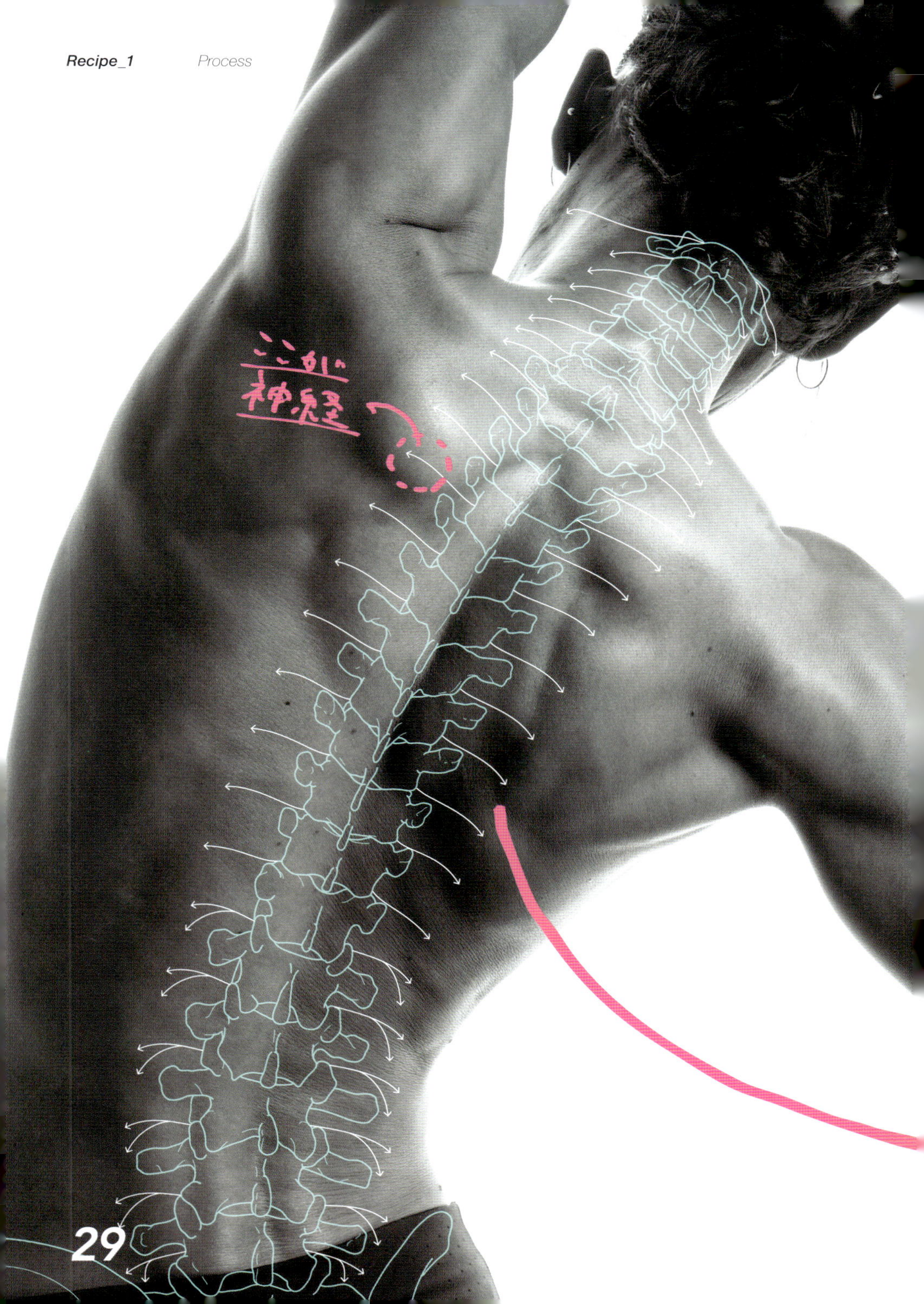
ここが
神経

Wake Up Your Body

背骨力をつける運動	DVD収録……有・無	ストレッチの目安……10呼吸

背骨伸ばし

縮こまっている背骨に刺激を与えます。
腕から脇、背中全体の筋肉をストレッチ。
お尻から首をつなぐ背骨を意識するレッスンです。

あごは床に、太ももは床に対して垂直にし、両手はできるだけカラダから離しておく。胸を床に近づける意識で背中を伸ばす。背骨をつくる1個1個の骨がぐぐっと伸びているのを感じて。このままの姿勢で10呼吸。腹圧をかけて行う。起き上がるときは顔を下に向け、ゆっくりと四つん這いに戻る。

Zoom Up

The Process Of This Movement

3

胸を床に近づけるようにして、背中を伸ばす。

2

両手を床につき、四つん這いになる。顔は前を向いて。

1

肩の力を抜いて両ひざを床につけ、足を肩幅に広げる。

Wake Up Your Body		
背骨力をつける運動	DVD収録……有・無	ストレッチの目安……左右10呼吸ずつ

背骨ねじり

胸椎をメインにねじる運動。日常生活では、胸椎の回旋は意識しにくいもの。胸椎の可動域を高めると腰椎への負担が減って腰痛予防にもなる!

胸でねじるイメージで
腕はできるだけ床に近づけて
足先は床につけたままで

カラダをねじるときは、腰からではなく胸からねじるイメージで。そのままの姿勢をキープして大きく、ゆっくり10呼吸。腹圧をかけて行う。反対側も同様に行う。起き上がるときは、急に立ち上がらず、ゆっくりカラダを動かして四つん這いになってから。

Zoom Up

The Process Of This Movement

1

両足を肩幅くらいに広げて、四つん這いになる。

2

左手を右手と右脚の間に通して、左の肩甲骨を伸ばす。

3

顔は上に向け、体をひねって右手を反対側へ。

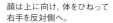

Wake Up Your Body

背骨力をつける運動	DVD収録…… 有・無	ストレッチの目安……10呼吸

背骨倒し

いわゆる前屈は、カラダの柔軟性をみる指標。
前屈が苦手なのは背骨が硬くなっている証拠。
それに骨盤がゆがんでいる人も前屈がうまくできない!

ひざはまっすぐに伸ばす
足裏は床から上げないように
顔を脚に近づける

ひざは伸ばしたまま、前屈。できる人は手で足首を持つ。できない人はひざを曲げ足首をつかんだまま、できるところまでひざを伸ばして。無理はしないこと。息を吐きながら、腹圧をかけて行って。

Zoom Up

The Process Of This Movement

1

肩の力を抜き、両足をこぶしひとつ分あけて立つ。

2

脚の付け根からカラダを折るようにして、上半身を前に倒す。

3

息を吐きながら顔を脚に近づけ、足首をつかむ。

Wake Up Your Body

背骨力をつける運動　DVD収録……有・無　ストレッチの目安……10 呼吸

背骨反らし

背骨のしなやかさを鍛える運動。
背骨の柔軟性が高まれば肋骨の動きもスムーズに。
呼吸がぐんとしやすくなります。

首から胸をしっかり伸ばす
お腹は前に引っ張られる感じで
太ももと床は垂直になるように

腰から曲げるのではなく、胸を伸ばすイメージで行って。上体は後ろに倒しすぎないように、太ももと床が垂直になるようにし、お腹を前に突き出す感じ。首を伸ばして胸を張り、胸を大きく開いてゆっくり大きく10呼吸行う。腹圧をかけながら行う。

Zoom Up

The Process Of This Movement

1

両ひざを床につけて足を肩幅に広げる。肩の力は抜いて。

2

体を後ろに少し反らし、両手をかかとにつける。

3

そのまま、胸を伸ばすようにしてキープ。

Wake Up Your Body

背骨力をつける運動	DVD収録…… 有 ・ 無	回数の目安……左右 10 回ずつ

背骨回し

カラダをひねる動きが回旋です。左右ゆっくりひねってみて、動きの悪いほうが普段あまり動かしていないということ。動きの悪いほうを多めに行いましょう。

肩は平行になるように胸から回す
足裏は床につけたままで
Zoom Up

腰からひねろうとしないこと。なぜなら腰椎付近は構造的にあまりひねることができないから。頭→首→胸→腰の順番で順々に、息を吐くと同時にゆっくりひねる。腹圧をかけて行う。

The Process Of This Movement

1 足を肩幅に開いて、肩の力を抜いて立つ。

2 両手を横に広げ、肩の高さまで上げる。

3 そのまま、左右交互にゆっくりひねる。

Wake Up Your Body

背骨力をつける運動	DVD収録…… 有 ・ 無	ストレッチの目安…… 10 呼吸

背骨うずまき

この運動は前屈バリエーションのひとつ。
背骨の柔軟性が試されます。
頸椎から尾てい骨までの背骨を感じながら行って。

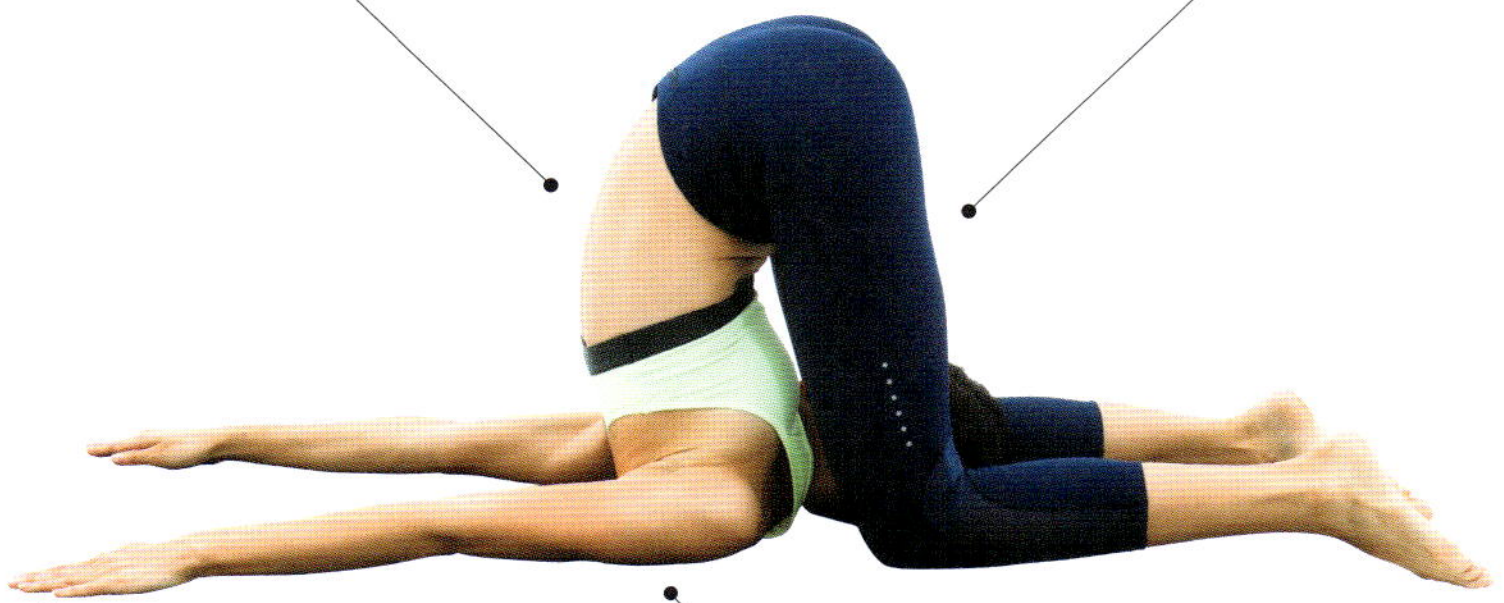
背骨を感じて
脚の力は抜いて
手のひらは床に向けて
肩は床につける

両手で床を押すようにするとバランスがとれます。つらい人はつま先だけ床につければOK。背骨のひとつひとつの骨をイメージしながら、腹圧をかけて行う。

Zoom Up

The Process Of This Movement

1

仰向けになり体の力を抜き、ひざを曲げる。

2

両肩は床につけたまま、後転するように両脚を頭上へ移動。

3

両手でバランスをとりながら、ひざを曲げて床につける。

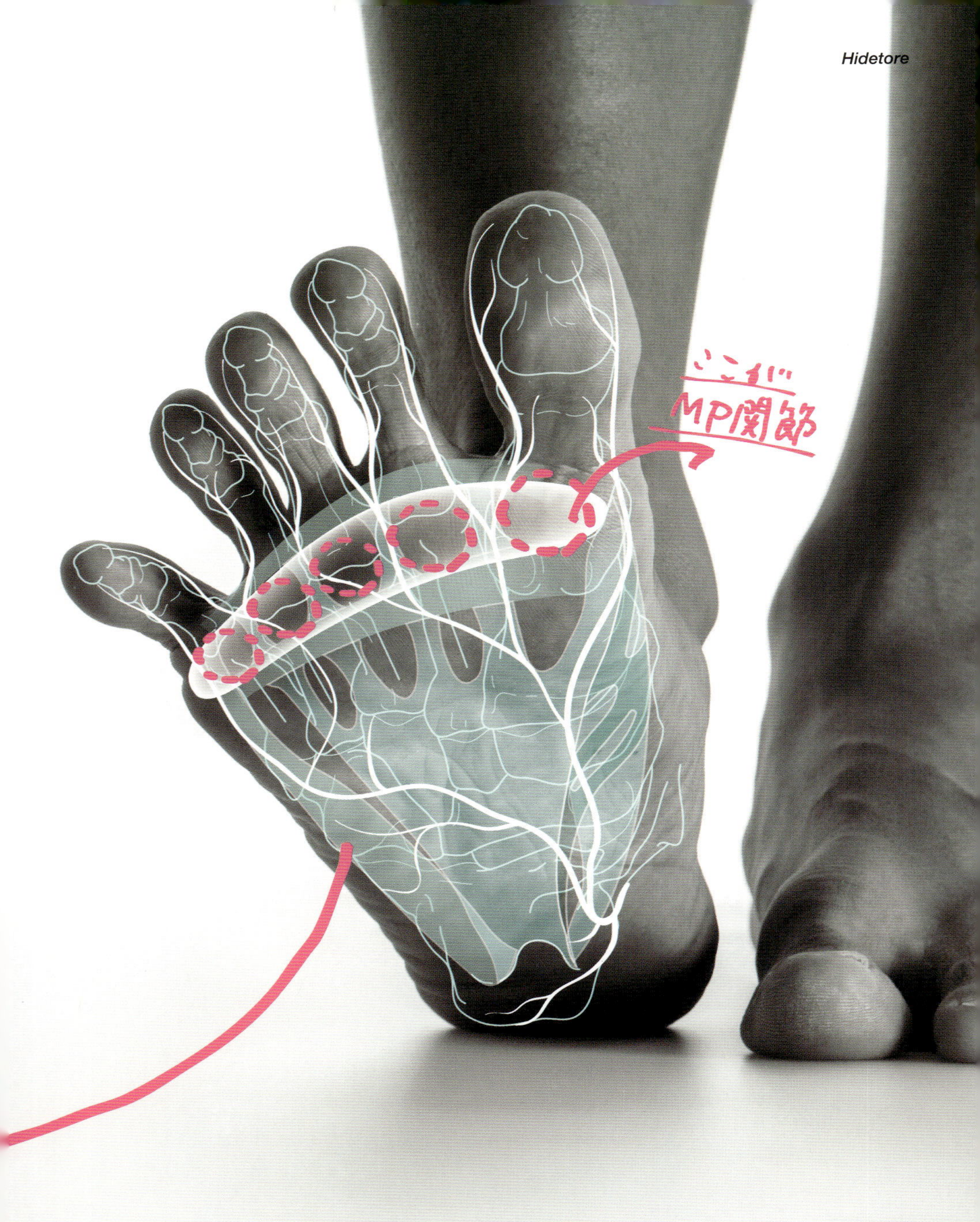
ここが
MP関節

warm-up 03: SOLE

足裏力をつける

心臓から一番遠い足裏をほぐすと、血行が改善され、神経が末端までしっかり通って全身が目覚めます！　足裏の状態は健康や美容を左右する大きな要素です。

足の裏は多くの運動の起点になります。足裏を使えているというのは、歩くときに、かかと、足指の付け根（MP関節）、足指がバランスよくしっかり地面についているということ。足のつき方が悪いと、姿勢が悪くなり、ボディラインにもマイナス。歩くときに足指が靴の中で浮いてしまい地面につかないという人も少なくありません。これは体のゆがみにもつながります。また、ハイヒールなどで締め付けるのもNG。そこで足裏をほぐし、よく動くようにすることが重要になります。

そのために使うアイテムが麺棒。次ページで麺棒を使ったほぐし運動を紹介しているので、時間をみつけてこまめにトライ！

大切なこと

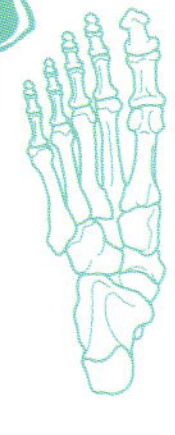

足は多数の骨でできている

足の骨は丈夫なじん帯で結ばれています。足は足首を曲げたり、つま先で地面を押し体を前へと進める働きがあり、支える、バランスをとる、動くなどの役目があります。

こんなに神経が通っている

足裏にも筋肉があり、神経、血管などが通っています。心臓から遠い足は血行やリンパの流れが滞りがち。足裏への刺激は、血液や神経の通りをよくします。

Wake Up Your Body

足裏力をつける運動	DVD収録……有・無	回数の目安……左右10呼吸ずつ

麺棒ウォームアップ

心臓から一番遠い足裏をほぐせば、血行は改善。足裏の末梢神経もよく反応して、全身が目覚める!

両足
行って
Zoom Up

Check!

床に麺棒をおき、体重をかけながらかかとから指先へとゴロゴロと転がすだけ。やり残しがないよう足裏全体を行う。呼吸は止めず。痛いところや違和感のあるところは入念に行って。

やってみよう!

ふたりでやってみよう

〝麺棒ウォームアップ〟はパートナーとふたりでやるのもおすすめです。

ひとりが床においた麺棒に足をのせたら、もうひとりは両手で足を包むようにして上からやや押すようにしてゴロゴロ。強めの圧が足裏にかかるのでちょ

Zoom Up

これもタッチ法のひとつ。足の感覚を呼び起こす!

Let's Try!

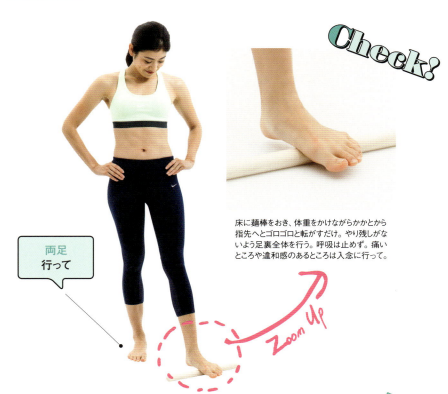

Wake Up Your Body

足裏力をつける運動	DVD 収録…… 有 ・ 無	各指の間…… 3 呼吸ずつ

麺棒足指開き

足指の動きをよくする運動。
足指の筋肉をフルに使えるようになれば、
むくみもとれてすっきり脚になれる!

Check!

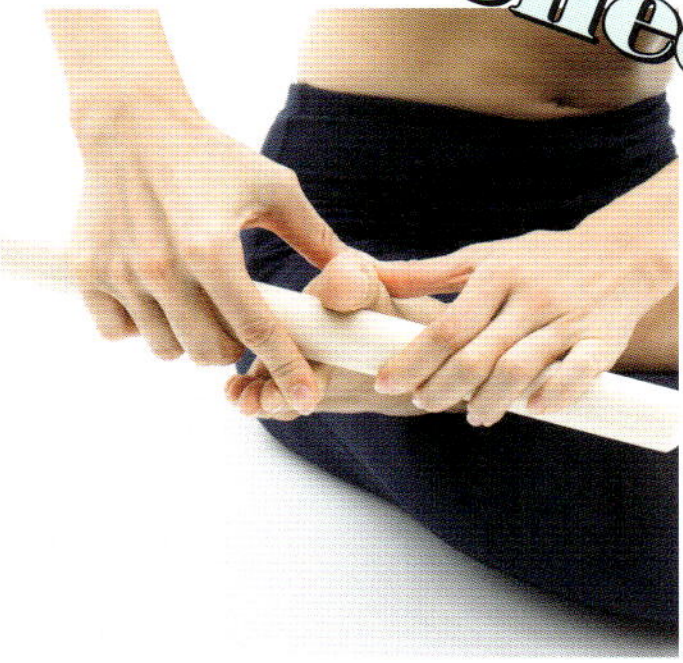

指と指の間に麺棒を入れて、押し広げる。麺棒を入れたら、それをはさむように指を曲げる。親指と人差し指、人差し指と中指、中指と薬指、薬指と小指をそれぞれ入念に。呼吸は止めずに行う。

つと痛いと感じるかもしれないけど、少したつと、じわじわ〜っと温かくなってくるはず。足裏全体に血液がいきわたってるって感じるよ。

オフィスでも自宅でも時間をみつけてゴロゴロ

ひとりでやるときもふたりでやるときも大切なのは、足裏に意識を向けて、ちょっと痛いな、ゴリゴリしているな、気持ちいいなということを感じとること。カラダと対話するってことです。そして、それにきちんと答えてあげる。麺棒ウォームアップで毎日足裏をほぐしてあげることが足のケアにつながるんだ。

ゴロゴロやったあとに床に足をつけてみると、足裏全体で床を感じられるようになっているはず。足裏の感覚が研ぎ澄まされたってこと。

簡単な運動だから、テレビみながらでも、オフィスでもできるよね。とにかく時間をみつけてやってね!

Wake Up Your Body		
足裏力をつける運動	DVD収録…… 有 ・ 無	回数の目安……左右10回ずつ

足指ほぐし

麺棒は使わず、自力で足指をほぐす運動。
いくつか骨がつながってできている足指。
1本1本の指にフォーカスして動かしてみて。

Check!

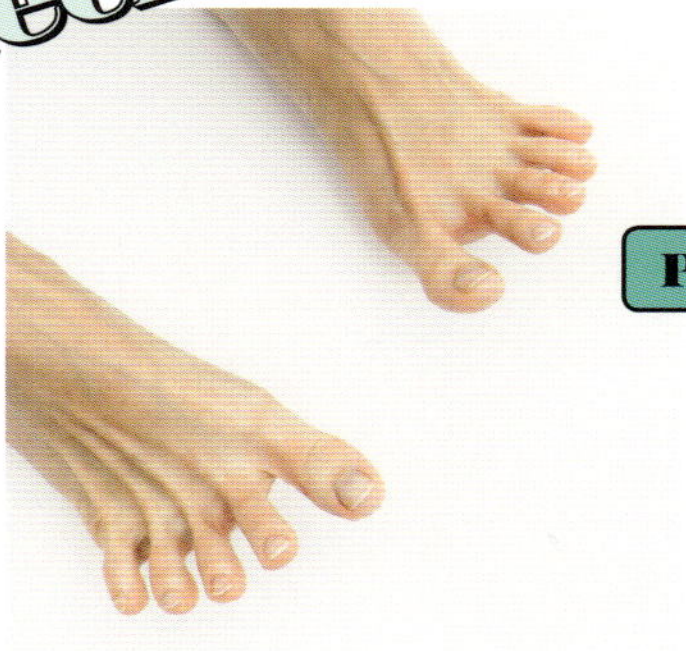

Pattern：1

かかとを床につけて、5本の指を思いきり開く。呼吸は止めず開いて閉じてを1回として10回行う。

Pattern：2

写真のように足指の間に手の指を入れ、手足を同時に握ったり開いたりする。握って開いてを1回として10回行う。

呼吸は深く
ゆっくりと

Wake Up Your Body

足裏力をつける運動	DVD収録…… 有・無	回数の目安 ……左右 10 呼吸ずつ

MP関節ほぐし

指の付け根のMP関節の柔軟性を高める運動。
ここが柔らかいということは、
足の筋肉がしっかり働いているということ。

肩の力を抜き、足は肩幅に広げて立つ。かかとを上げたり、足の甲を伸ばしたりして、普段あまり意識しないMP関節を動かすことで柔軟性を高める。

Pattern : 1

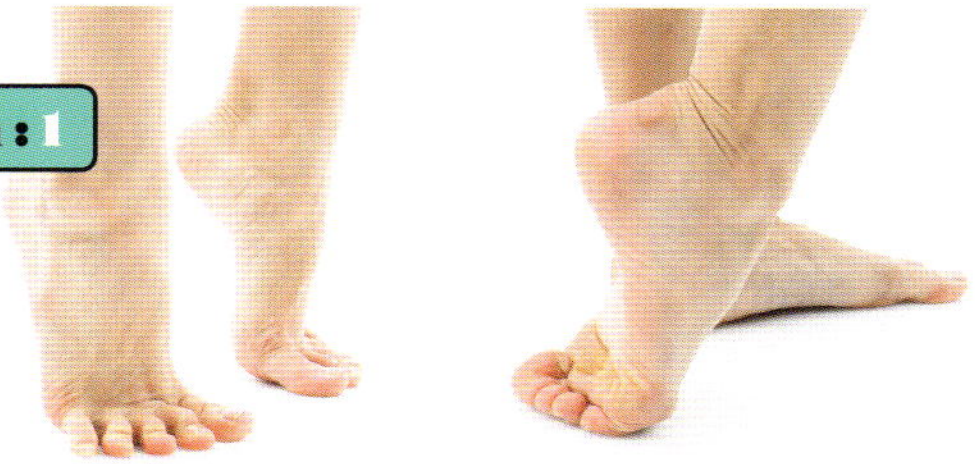

(左)MP関節で立つ。(右)バレリーナのように甲を伸ばすこともMP関節の柔軟体操のひとつ。どちらも10呼吸キープ。

Pattern : 2

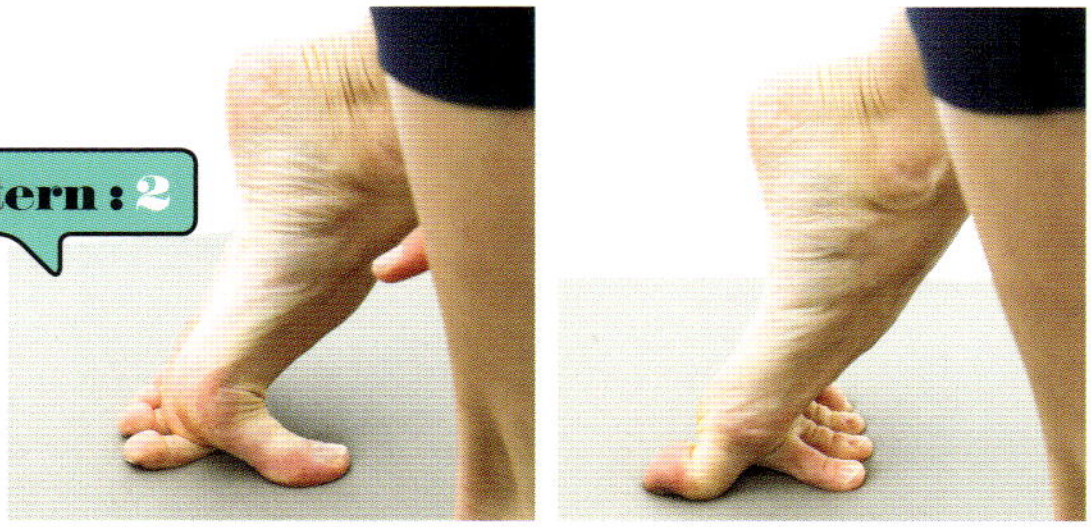

立ったまま、親指は伸ばしたまま残りの4本の指を後ろに曲げ10呼吸キープ。今度は逆に親指だけを曲げて10呼吸キープ。

やってみよう！

腰を落として！

腰を落としてひざを曲げ、MP関節を床につけてバランスをとってキープ。手は軽く床についてOK。
5本の指の付け根にあるMP関節をより感じることができる運動です。

足指をできるだけ大きく開いて行うと、安定してバランスがとりやすい。

Hidetore
Ocean
いいね!
#Water Blue

海外に行ったときは
必ずベイサイドへ。
サーフィンやっている人って
やっぱ元気だと思う。
いつも水に
触れているから。

ヒデトレ流儀!!

Vol.01 Water

水でカラダを浄化 触れて英気を養う!

人間のカラダの約60%が水分、というのはご存じのはず。カラダからは1日に2・5リットルくらい失われているので、その分とらないとカラダはカピカピに。だから、ボクはこまめに水分をとってます。水分をあまりとらないという人に出会うと、植物を育てることをすすめて、水分の大切さを知ってもらうようにしているんです。

　よく女性の中にはトイレが近くなるから水分はとらないという人がいるけど、それはおすすめできません。水分をとることで体内の循環も改善。それに、おしっこを出すってことは、血液をろ過してきれいにし、老廃物や余分な水分を排出するってこと。

　それに水分をとれば、汗も出ます。汗は体温調節のためにも必要だけど、いらないものも出してくれる。すると肌もすべすべに。水は生命の源。摂取するだけでなく、ときには、海、川へ行って体で感じて。水辺に行くとボクは体がイキイキするのを実感!

Refresh
#Sea Power
いいね!

体は水でできている。
海や川にいると
ボクは元気になる!

Hi!
Cute

どんな生き物にも
水は必要。
水は生命の源だと
いうことを感じるよね。

Hidetore
いいね!
#Life from the water

A NEW WAY TO MAKE A
BEAUTIFUL BODY !

RECIPE 2

美を呼び覚ます
ボディ力アップレシピ

4 Approaches
To Upgrade The Body

バージョンアップさせる4つのアプローチ

機能的なカラダをつくるために必要な呼吸力、背骨力、足裏力。これら3つの力を高める運動は毎日行っていただきたいですね。

そして、さらに機能的で美しいボディをつくるために必要なのが4つのアプローチです。それは、腕と手、肩甲骨、股関節と骨盤、首と顔まわりです。次ページから、それぞれをよりスムーズに動かせるようになるためのストレッチを紹介します。とはいえ、これらのストレッチを何回やるということよりも、カラダを動かしたときにどう感じるかというのを大切にしてほしいですね。動かしているところを触って、呼吸しながら行うというのも忘れずに。

で、動きが悪い、動かない、硬いのは、これまで動かしてこなかったところ。だから、そこは少し時間をかけて行って。痛いというのはカラダがびっくりして激しく感じているということだから、慣れさせていけば痛みもなくなるはず。結局カラダ全体を動かしてね!ってことなんだけど、しっかり訓練して呼吸力、背骨力、足裏力をつけていると、これから行う運動はぐんと楽になります。

気持ちいい〜 カラダを

美を呼び覚ます
4つのアプローチ

1 腕と手
2 肩甲骨
3 股関節と骨盤
4 首と顔まわり

approach 01: *ARMS & HANDS*

腕と手を目覚めさせる

突然ですが、指を曲げたり伸ばしたりしたとき、手の甲をちょっと見て。すると細長いひものようなものが動いてない？ これは前腕《ぜんわん》の筋肉の腱で、指と腕がつながっている証拠。指を動かすと、指先の動きが腕に伝わり、脳へ届く。指先を動かすことで脳が活性化するというわけ。足裏と同じように脳から遠い指を動かすことは体を目覚めさせるためにも必要なこと。

また、腕は肩からぶらさがっているだけなので、常に肩や首の影響を受けています。肩や首がこってくると、腕の血行も悪くなり老廃物がたまり硬くなってしまうことに。逆にいえば、腕をよく動かせば、肩こりなども防げる。ときには重力に逆らってしっかり動かしてほしいんだ。

好きな人と手をつないだり、愛する人を抱きしめたりするのも腕や手……。自分の気持ちを表現するためにも、腕や手は意識して使ってほしいね。

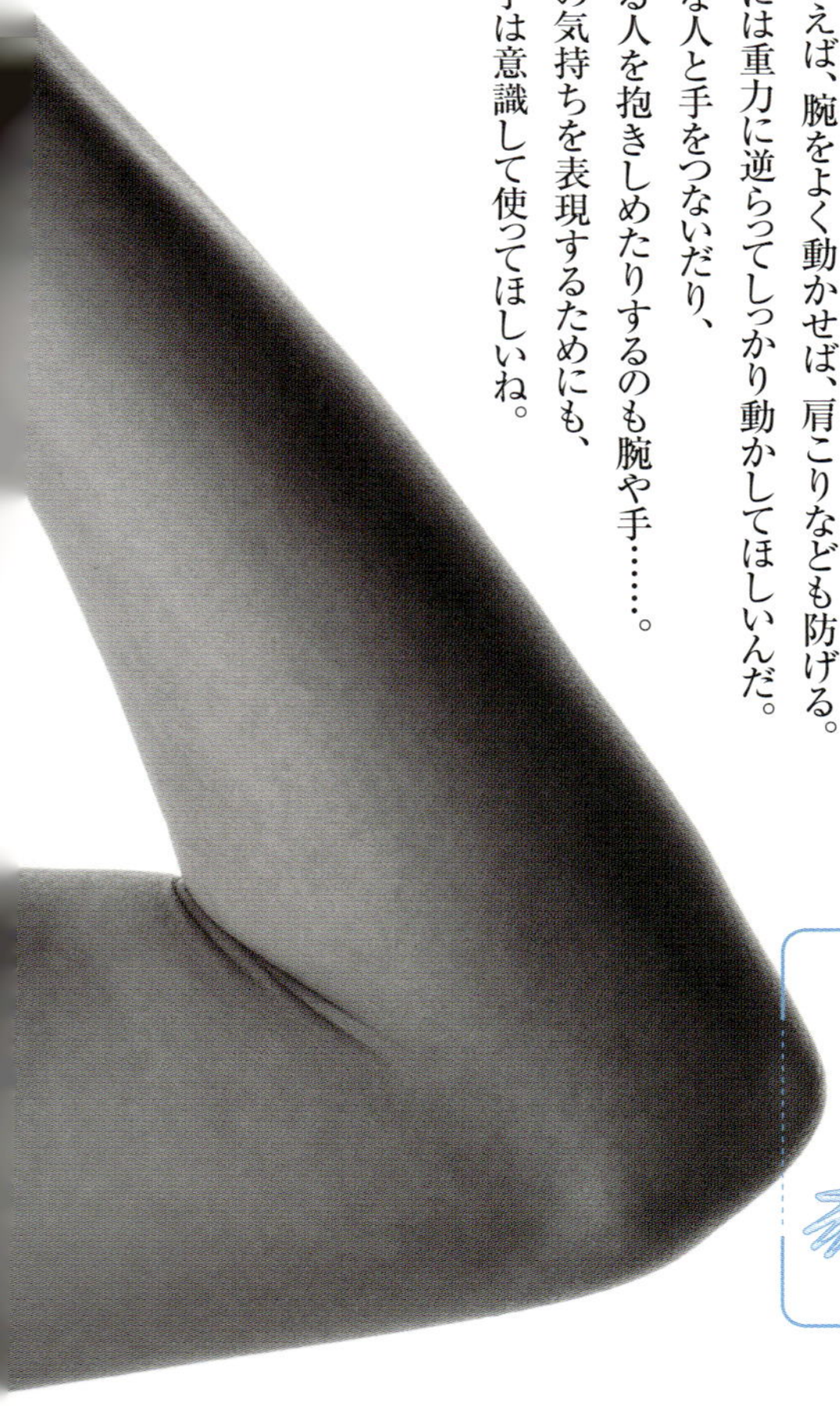

だから大切!

手と腕はこんなふうにつながっている

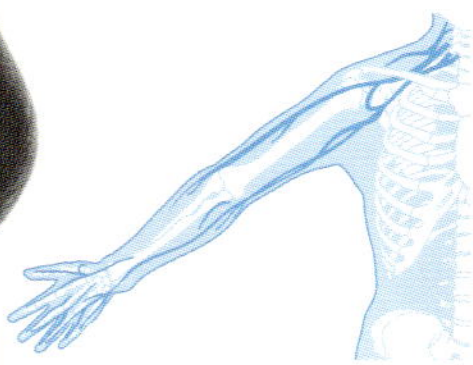

5本の指を動かすのが前腕の筋肉。この刺激は神経を介して脳へ伝えられる。

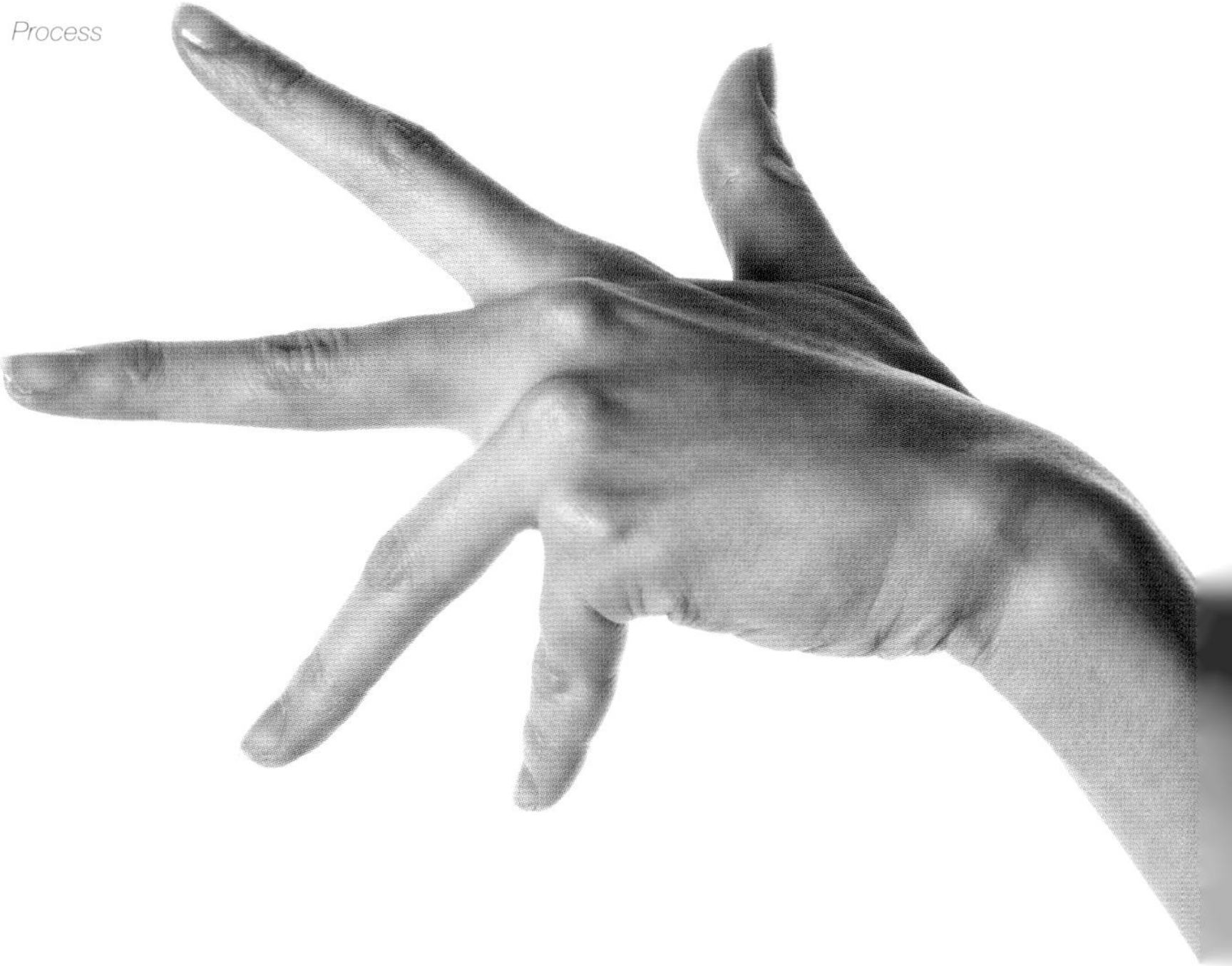

指先からしっかり
動かすことで
腕もしなやかに

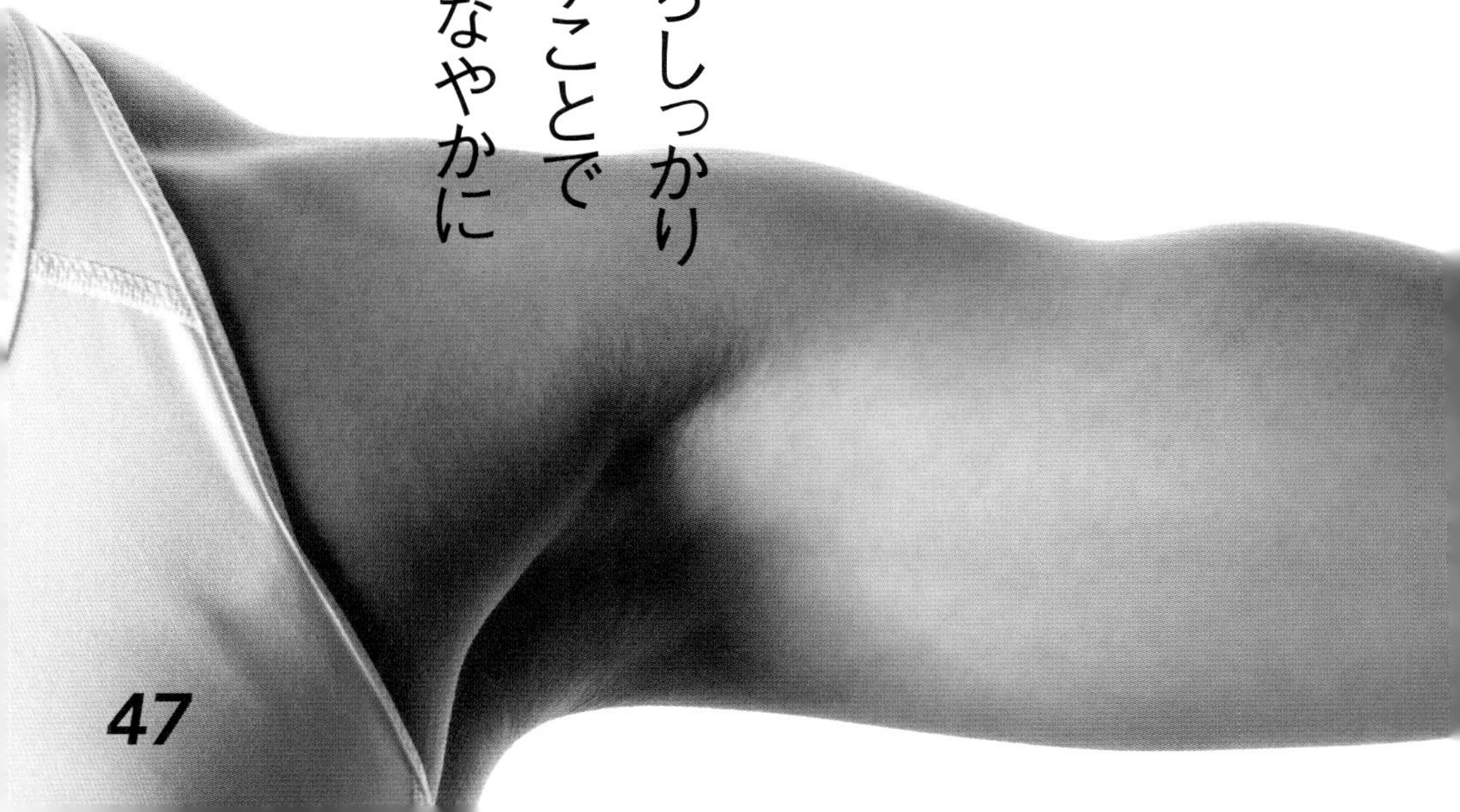

4 Approaches To Upgrade The Body

腕と手からアプローチ	DVD 収録……（有）・ 無	回数の目安……10周ずつ

指曲げ手首回し

1本1本の指の感覚を呼び覚ます手首回し。指を曲げたり伸ばしたりするときに使う筋肉をしっかり感じながら行って。

足は肩幅に開き、両手は真横に伸ばし、親指を握り手をグーにして大きくゆっくり手首を10周回す。反対側も同様に。一度手を開き、人差し指を曲げ親指でつかんだまま手首を回したら、反対側にも回す。中指、薬指、小指を順番に行う。

手をグーにして手首を回す。親指は握って。

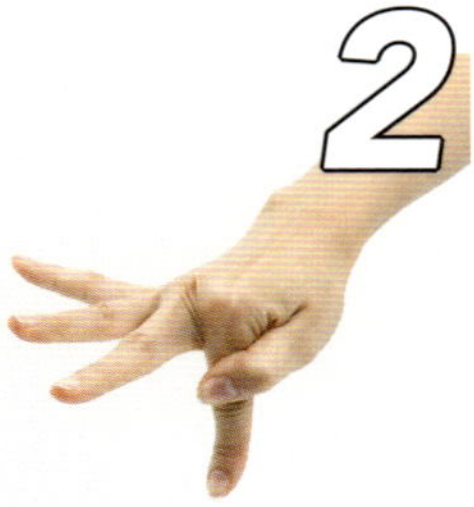

人差し指を親指でつかみ、手首を回す。

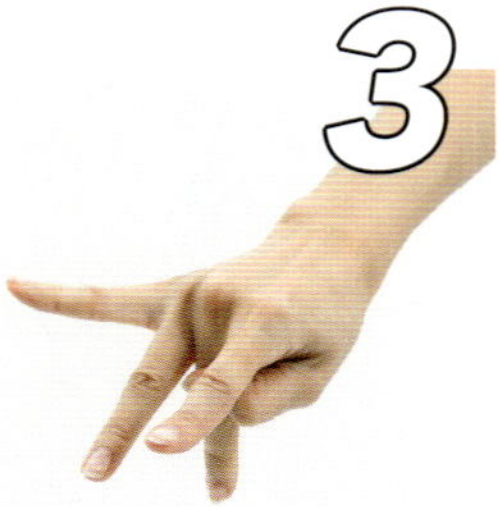

中指を親指でつかみ、手首を回す。

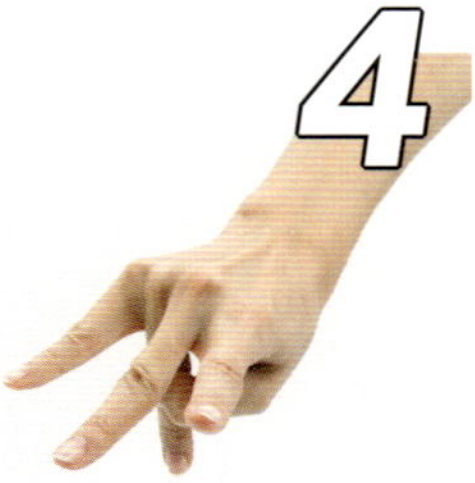

薬指を親指でつかみ、手首を回したら、小指も同様に。

やってみよう!

Let's Try!

関節を動かす指折り運動

　左手の指の第一関節、第二関節を折り曲げて、右手で軽く押さえて。親指、人差し指、中指、薬指、小指の順番にトライ。指は外部の脳と呼ばれているくらい、脳と強く連動しているんだよね。

　ものを持ったり、つかんだりしている手は意外とこっているから、きちんとケアしてあげないと、疲れ果てて感度が鈍ってしまうと思うよ。

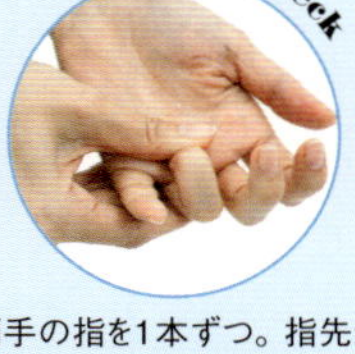

両手の指を1本ずつ。指先がじんわり温かくなるのを感じる。

4 Approaches To Upgrade The Body

腕と手からアプローチ	DVD収録……　有　・　無	回数の目安 …… 10 呼吸ずつ

指反らし

指の動きをよくして可動域を広くするストレッチ。
足と同じように指1本1本の動きを
確かめるつもりで取り組んで。

正座をして、指先を体に向けて床に手のひらをつき、腕を伸ばして10呼吸キープ。指と指の間を開いたり、ピンと指を伸ばしたりして、普段あまりしない指の動きをして、指や手首まわりの筋肉をほぐす。

1

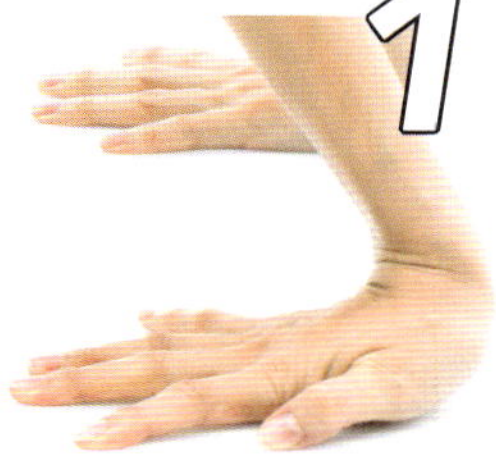

手首周辺が伸びているのを感じて。

2

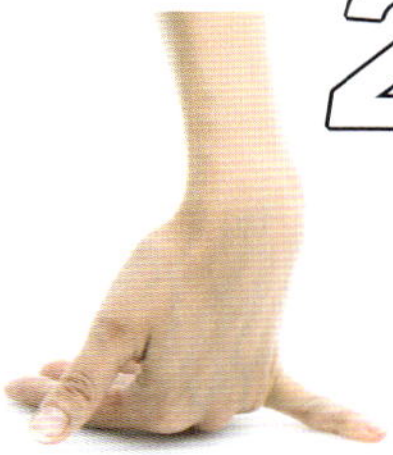

小指以外の指を内側に曲げ、小指と薬指の間をストレッチ。

3

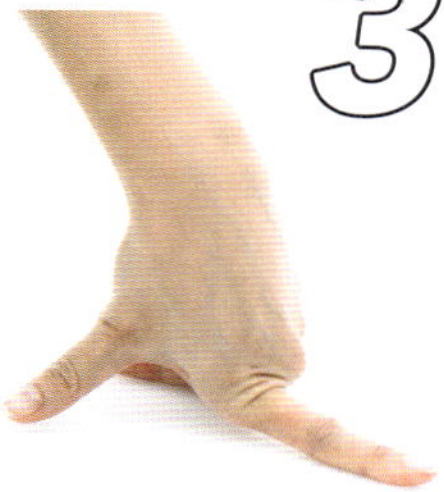

手をグーにして、人差し指と親指を伸ばして広げる。

4

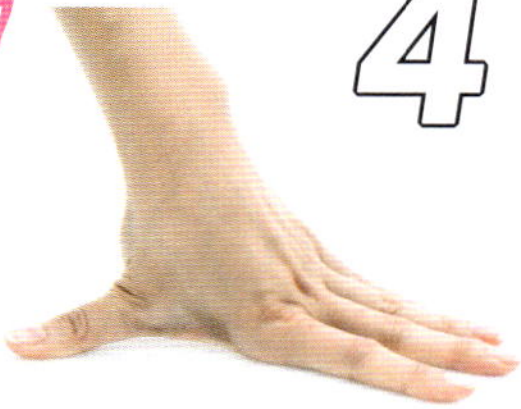

床に手をつき、5本の指を大きくできるだけ広げてキープ。

手首の曲げ伸ばしも必要

手首は8個の小さい骨がつながっている関節。手首が硬いという人もストレッチを続ければ柔軟度はアップ。手首には神経や血管も通っているわけだから、柔らかくなれば、指先への通りがスムーズに! 指先を目覚めさせるには、手首の柔軟度が必要なんです。

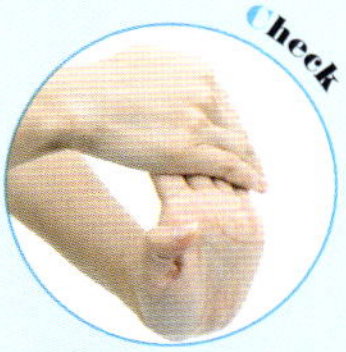

左腕を伸ばし、写真のように右手で左手を反らして、しっかりストレッチする。右手も同様に行う。

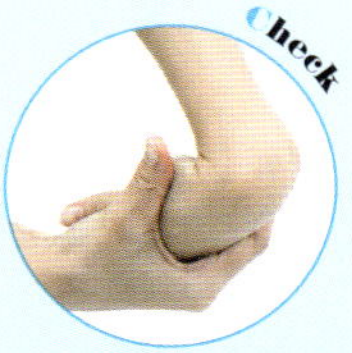

左腕を伸ばし、右手で左手の甲を持って、左手首を内側に曲げストレッチ。右手も同様に。

〝天使の羽〟は肩甲骨がよく動いているという証拠

approach 02： SCAPULA

肩甲骨を目覚めさせる

肩甲骨は背中の上部の左右にある大きな骨で、天使の羽ともいわれます。肩甲骨は上腕の骨と鎖骨がつながっているだけで、胴体の中で浮いている状態です。でも肩甲骨はさまざまな筋肉に支えられているため、いろいろな方向に動かせます（下イラスト参照）。とはいえ、その動かし方を知らなければ、肩甲骨まわりの筋肉は硬くなっていくばかり。肩甲骨の周囲の筋肉は首や肩にもつながっているので、肩甲骨まわりの筋肉が硬く動かなくなってしまうと、肩こりや首こりにもつながります。そして、肩甲骨はさらに動きにくくなっていき、脂肪がついてうもれてしまい……こうしてもったりとした背中になってしまうのです。また、悪い姿勢や浅い呼吸も肩甲骨の動きを悪くしてしまう一因となります。目指したいのは、肩甲骨が浮き出てきれいにみえる背中です。大空を舞う鳥の翼のように動かしていきましょう。

だから大切!

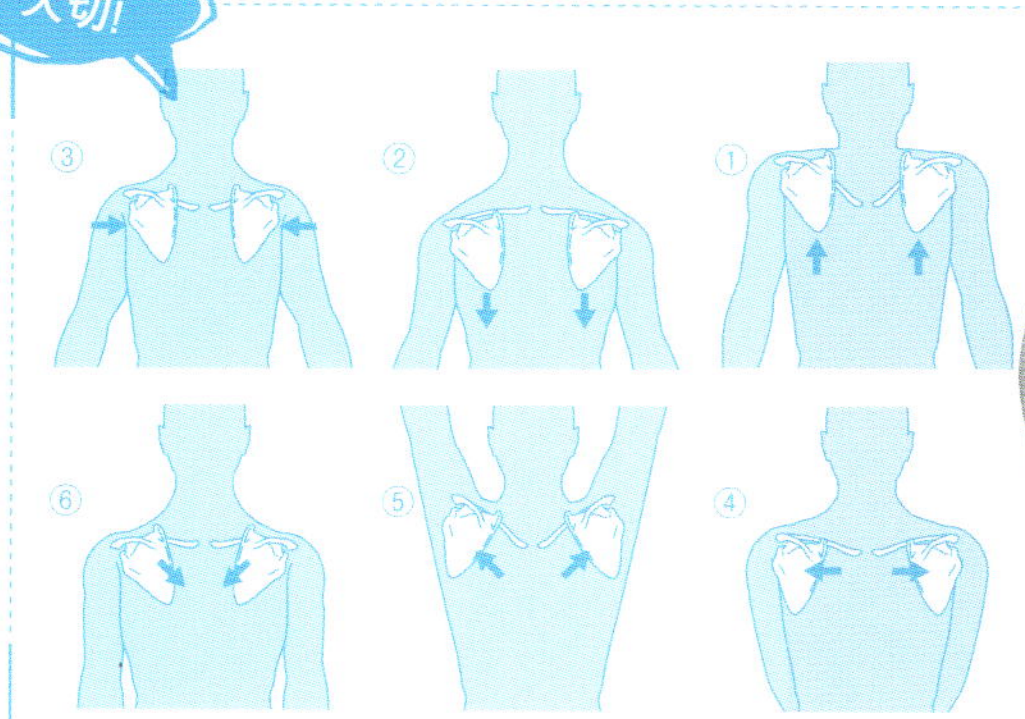

肩甲骨はこんなふうに動く

イラストのように肩甲骨が動いてるのを感じてみて。①肩を上げる（引き上げ）②肩を下げる（引き下げ）③中心に寄せる（内転）④外側に開く（外転）⑤腕を上げる（上方に回旋）⑥腕をぐっと下に下げる（下方に回旋）

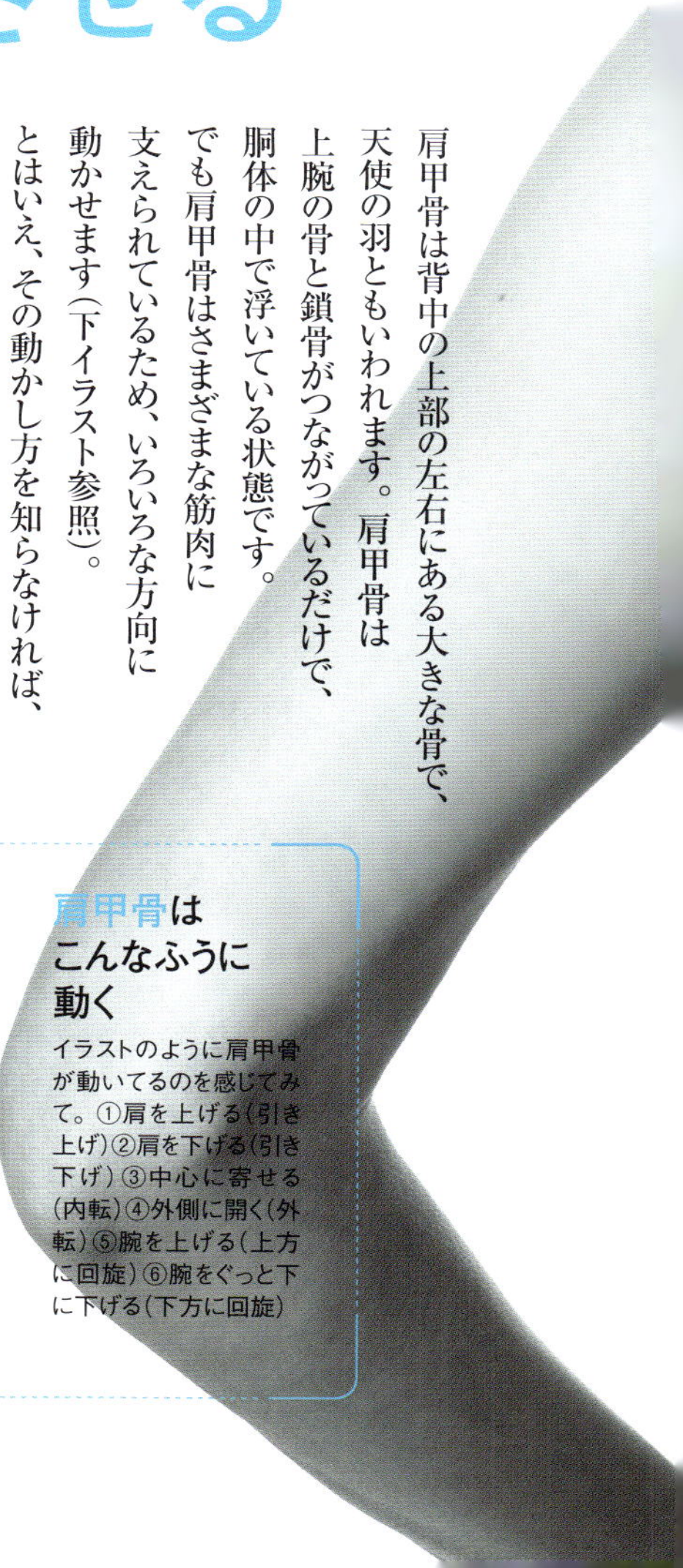

4 Approaches To Upgrade The Body

肩甲骨から
アプローチ

DVD収録……有・無

回数の目安……10回

肩甲骨の開閉

肩甲骨まわりの筋肉の柔軟性を
高める運動。ここの筋肉が
硬いと肩甲骨が動かず、
腕、首、肩、背中の動きが悪く、
カラダは退化する一方!

できない人は……

写真のように両手を後ろで組んで、肩甲骨を開いたり閉じたりする。

足を肩幅に開き、やや胸を開き、両手を背中に回し、肩甲骨を触る。できる人は肩甲骨をつかむようにし、できない人は親指だけでも触れるように。左右の肩甲骨を中心に寄せたり、肩を丸めるようにして左右に広げたりする。開いて閉じてを1回として、10回行う。

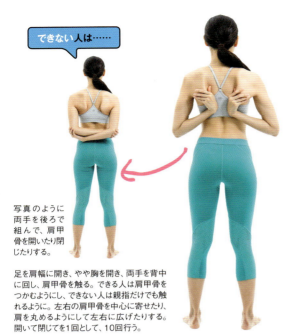

4 Approaches To Upgrade The Body

肩甲骨から
アプローチ

DVD収録……有・無

回数の目安……左右10呼吸ずつ

肩甲骨ほぐし

見落としがちなのが、
脇の下の筋肉。
ここが硬くなると肩甲骨の動きが
悪くなり肩こりの原因にも。
しっかりもんでほぐしてあげて。

後ろからみると

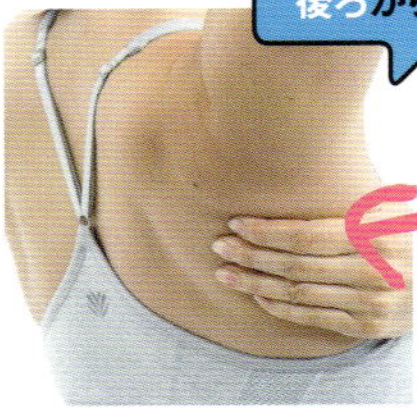

脇の下の肩甲骨側にある筋肉をやさしくもんで。

前からみると

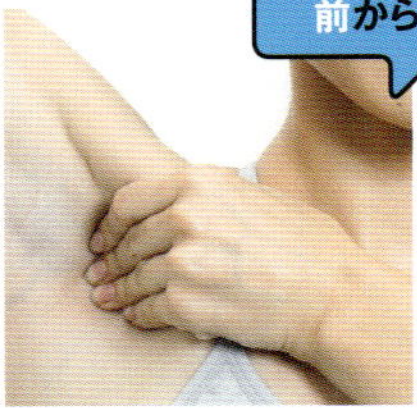

腕を上げたまま、脇の上部、胸につながる筋肉もよくもむ。

足を肩幅に開き、右手を上げる。脇の周辺の筋肉をよくもんでほぐす。脇の下や胸側もバランスよくマッサージ。腕の上げにくさを感じたら、肩甲骨が硬くなっている証拠。上げにくい側をよくもんでみて。

4 Approaches To Upgrade The Body

肩甲骨から アプローチ

DVD収録…… 有 ・ 無

回数の目安…… 10 回

肩甲骨 開き

肩甲骨を外側に開いて、
あまり動かさない
背中をストレッチ。
肩甲骨をさびつかせない
ようにする運動です。

1

足を肩幅に開き、両手を体の前で組む。顔は正面を向いて。

2

ひざの力を抜いて軽く曲げ、顔が両腕の間にくるように背中を丸め、息を吐きながら、左右の肩甲骨を外側へ開き5呼吸キープ。ゆっくりもとの姿勢に戻す。これを10回繰り返す。

4 Approaches To Upgrade The Body

肩甲骨から アプローチ

DVD収録…… 有 ・ 無

回数の目安……左右 10 呼吸ずつ

背中 組み手

肩甲骨まわりと肩まわりの
柔軟性を高める運動。
できない人は
肩甲骨だけでなく、
肩や腕をよく動かすように。

肩甲骨を背中に寄せると、胸がしっかり開く。呼吸は止めないで。

左手を上から背中側に回し、右手は下から回し、背中で握手してキープ。右肩を後ろに寄せるのではなく、右の肩甲骨を中心に寄せるイメージで行うこと。握手できない人は指先が触れる程度でもOK。左右逆にして同様に。

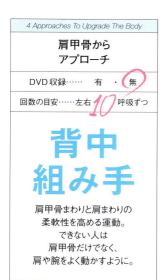

approach 03： *HIP JOINT & PELVIS*

股関節と骨盤を目覚めさせる

骨盤は料理に使うボウルのような形をした骨。背骨と脚をつなげ、内臓を守る役目があります。人が二足歩行できるのは、骨盤がしっかり立っているから。股関節は脚の付け根にある関節で、脚やお尻など下半身を自由に動かしたいときに重要。骨盤とともに歩く、立つ、座るといった基本動作を支える重要なパーツです。指導していて思うのは、骨盤や股関節の動きが上手にできる人は、上半身の動きもスムーズだということ。骨盤や股関節も動かさないとかたまってしまいます。下半身の動きが悪くなり、代謝もダウンしてしまうので、しっかり動かすことが肝心。骨盤は左右にゆらしたり、前傾や後傾に動かしてみて。お尻や太ももをストレッチしてほぐせば股関節の動きはスムーズになります。

だから大切!

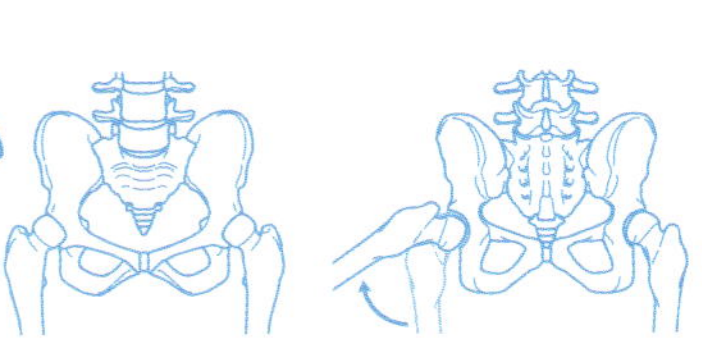

股関節と骨盤の関係

股関節は骨盤と大腿骨《だいたいこつ》の継ぎ目。骨盤にあるお椀型の受け皿に球状の大腿骨がはまり、いろいろな方向に動きます。

股関節と骨盤は一緒に動かして柔軟性をキープして

4 Approaches To Upgrade The Body

股関節と骨盤から
アプローチ

DVD収録…… 有 ・ 無（有に丸印）

回数の目安…… 10 回

骨盤伸ばし

骨盤が後ろに傾きすぎないように調整する運動です。しゃがむとき、体重は両足にバランスよくかけ、両肩の位置が左右同じになるように注意して。

脚の付け根に手を添え、太ももとお腹ではさみ込むようにする。尾てい骨を後ろに突き出すようにして。腰は丸めないように胸を張り、前を向きキープ。後背部、お尻、太ももの後ろが伸びているのを感じて。2の姿勢に戻り、同様に10回繰り返す。

The Process Of This Movement

1

足は腰幅に開き、肩の力を抜いて立つ。

2

手の小指側が脚の付け根にくるように添える。

3

お尻を後ろに突き出し、脚の付け根で手をはさむ。

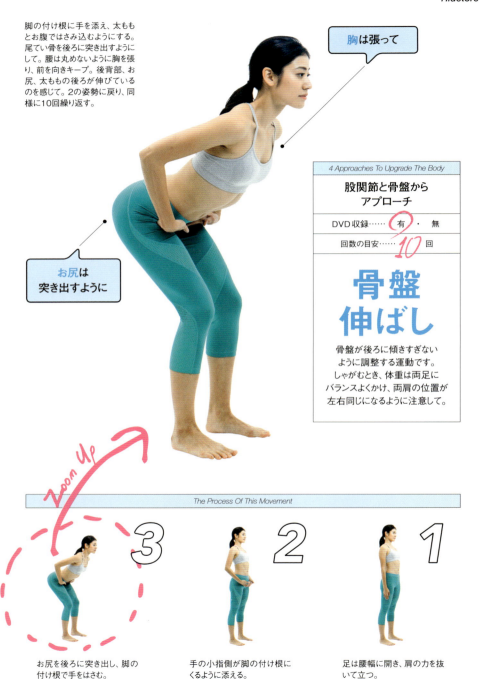

4 Approaches To Upgrade The Body

股関節と骨盤から
アプローチ

DVD収録…… 有 ・ 無

回数の目安…… 10 回

骨盤
引き上げ

骨盤を支える筋肉の
柔軟性を高めつつ、
強化する運動。
お腹まわりの引き締めや
ヒップアップ効果も期待できる!

1

仰向けになり、両手のひらは床につける。

2

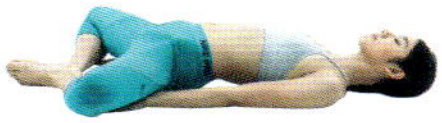

ひざを曲げて、両足裏を合わせ、カラダに引き寄せる。

3

両手で床を押しバランスをとりながら、お尻を上げてキープ。このとき腰は反らないように注意。2の姿勢に戻り10回繰り返す。

4 Approaches To Upgrade The Body

股関節と骨盤から
アプローチ

DVD収録…… 有 ・ 無

回数の目安…… 10 回

骨盤
反らし

骨盤まわりの筋肉をほぐし、
腰からお尻にかけての
筋肉をストレッチ。
指先から尾てい骨まで
しっかり伸びていることを感じて。

1

正座をして正面を向き、肩の力を抜く。

2

両肘をつき、四つん這いになる。ひざを曲げて両足を広げる。

3

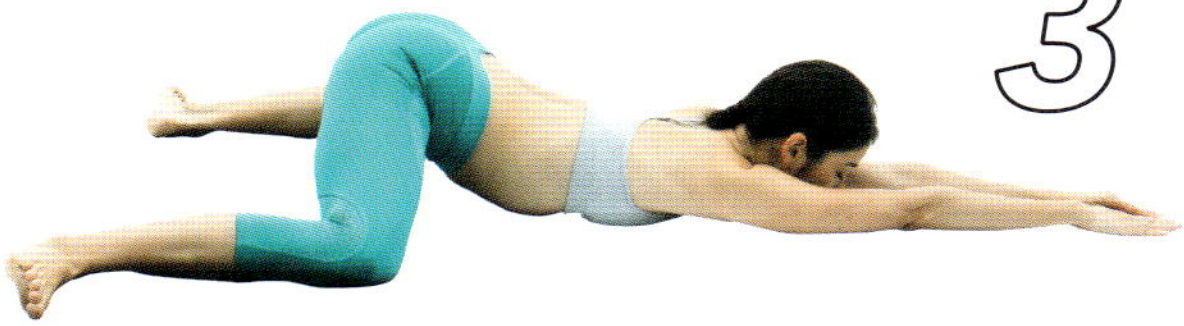

両手をできるだけ前に伸ばして胸を床につけ、両ひざで床を押し、尾てい骨は天井に突き上げるようにしてキープ。2の姿勢に戻り10回繰り返す。

血行がよくなり
老廃物なし。ハリのある
シャープな顔に

approach 04： NECK & FACE CIRCUMFERENCE

首と顔まわりを目覚めさせる

近年、スマホやタブレットの普及で
首がこりやすくなっています。
それでなくても首は、
重い頭を支えるという役割を担っていて、
こりやすいんです。
リンパも走っています。首には血管や
硬くなると、血液が流れにくくなったり、ですからここが
老廃物が排出されにくくなったり……。
そのまま放置すれば
首まわりの筋肉はコチコチ。
みた目にももったりしてくるはず。
こうなると顔も血流不足になるから、
首と顔は一緒にケアしてほしい。
顔の表情筋を動かすにはいつも
笑うこと。口の開閉に使う筋肉は、
よく噛むことで動かして。
末端にある耳への刺激も大切です。
耳にはたくさんの毛細血管があるので、
刺激してすみずみまで血液を
通してあげて。こうすれば、首、顔も
同時に目覚めてハリもアップ、
しわだってなくなること間違いなし！

だから大切！

耳はたくさんの毛細血管があつまっている

耳も血液がいきわたりにくい末端の部位。耳への刺激で、顔、頭皮、脳への血行が促進され若々しさアップ。

首まわりには神経、リンパ、筋肉、血管があつまっている

首こりで脳への血流も減ると、カラダと脳のつながりも悪くなります。こりがなくなれば、首もすっきり。

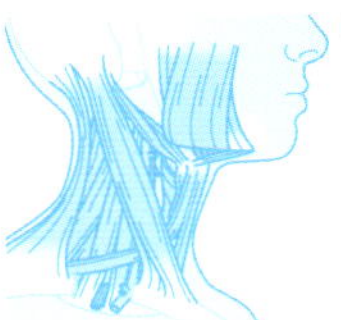

4 Approaches To Upgrade The Body

首と顔まわりからアプローチ　DVD収録……有・無　回数の目安……左右 5 回ずつ

首回し

首まわりの筋肉をほぐす運動で、
リンパや血行もよくなり、顔色も明るく!
神経も通っているのでゆっくりやさしく動かして。

首の後ろ側の骨を触って骨を感じながら、前後左右に一度ゆっくり倒す。痛みなどがないか確認してから両手を首にあてたまま回す。頭を後ろに回すときに息を吸って、前に回すときに力を抜きながら息を吐く。右回し、左回しの両方を行う。

4 Approaches To Upgrade The Body

首と顔まわりからアプローチ　DVD収録……有・無　回数の目安……10 呼吸ずつ

首すじほぐし

首がこってしまうと血液やリンパが滞ってしまいます。
首の筋肉をほぐすことで流れがよくなり、
顔のむくみも解消してすっきり!

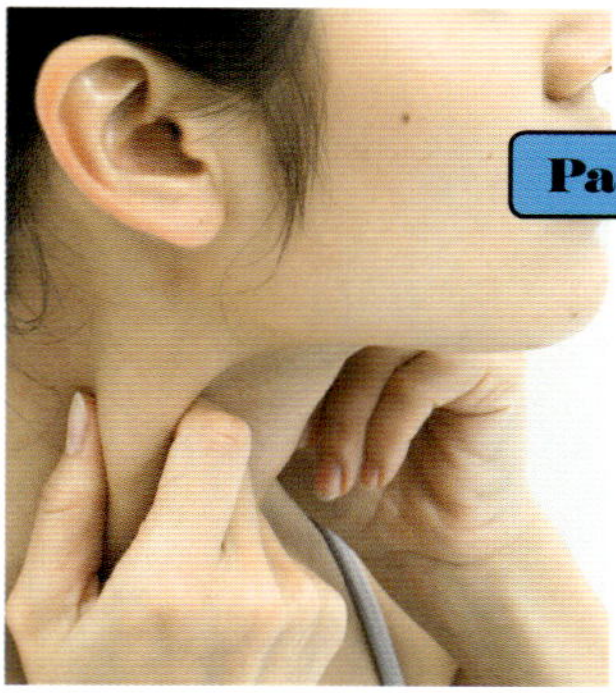

Pattern : 1

耳の後ろから鎖骨へつながる筋肉は首を回すときに使う筋肉。こりやすいので親指と人差し指でよくほぐして。

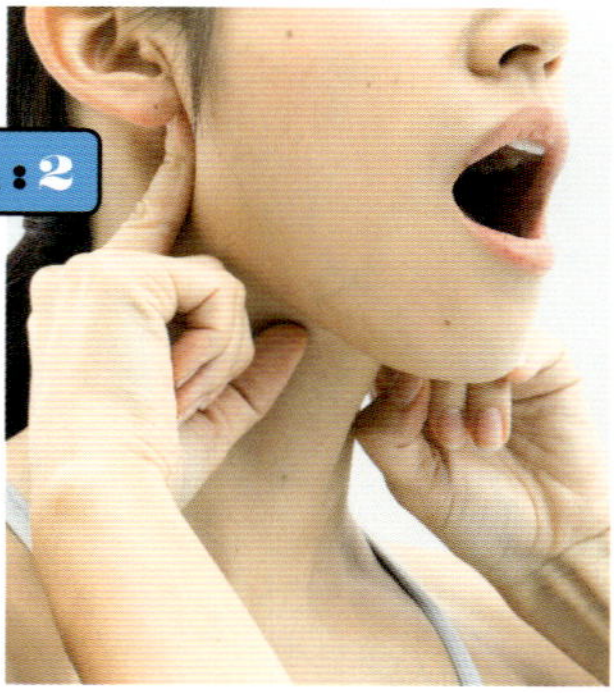

Pattern : 2

噛むときに使う筋肉をほぐす運動。耳たぶのちょうど下の耳の付け根部分(あごの関節)を指で軽く押す。

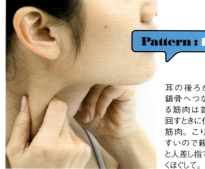

4 Approaches To Upgrade The Body

首と顔まわりからアプローチ	DVD収録…… 有・無	回数の目安 …… 3 呼吸ずつ

耳引っ張り

耳は皮膚が薄いので刺激が伝わりやすい部位。
耳引っ張りで顔の血行がよくなり、
体も温まり全身の血行もよくなることを実感。

両耳の横を持ち真横に引っ張りキープ。耳の上を持ち上に引っ張りキープ、耳の下を持ち下に引っ張りキープする。そして耳を回したり、耳を折りたたんだりして刺激を与える。

4 Approaches To Upgrade The Body

首と顔まわりからアプローチ	DVD収録…… 有・無	回数の目安 …… 10 呼吸ずつ

舌エクサ

舌や口まわりの筋肉をほぐして鍛える運動。
表情筋に刺激を与えることで顔全体が引き締まり、
血色もよくなります。唇もヘルシーなピンク色に。

Pattern : 2

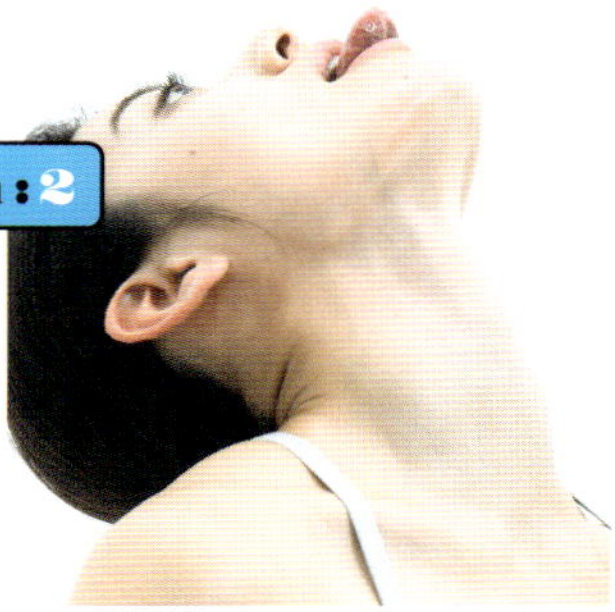

上を向き、舌をできる限り上に突き出しキープしたら、ゆっくり首を起こす。

Pattern : 1

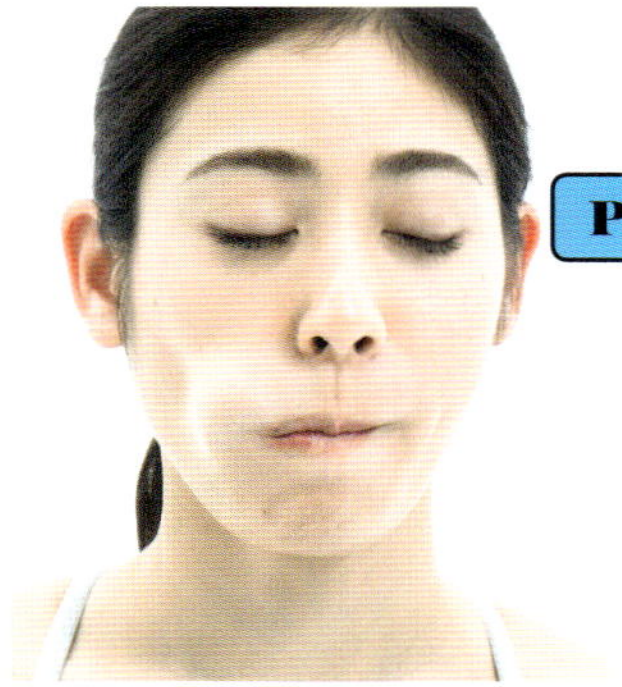

口は閉じ、舌先を上の歯と歯茎の間におき、なぞるように動かしぐるっと1周。左回り、右回りを行う。

やっぱり、肉は大好き。
カラダをつくる大切な
たんぱく質源。

ヒデトレ流儀!!

Vol.02 **Food**

カラダは食べるものでできる
だから体にいいものを食べたい

ボクはカラダと相談しながら食事をとっています。前日とったエネルギーが残っているならとらないし、体が欲しているなら朝からがつんと食べることもあります。大切なのは、何をどのくらいいつ食べるのかを自分でしっかり選ぶことです。基本的には高たんぱく低糖質の食事。でも、食事に関しては、ほんといろいろな考え方があるので、何が間違っている、何が正しいというつもりはありません。

僕が低糖質にしているのは、糖質を少なくすると、カラダの調子がいいから。でも、低糖質がなんで人気なのか知ってますか?

カラダのエネルギー源になるのは糖質、脂質、たんぱく質の3つ。これを3大栄養素といいます。カラダではこの順番でエネルギーとして使われていくので、低糖質にすると体中に糖質がなくなり、エネルギーとして脂質がどんどん使われていくわけ。つまり、脂肪がどんどん燃えて、なくなっていく。で、スリムなボディになっていくわけ。

たんぱく質は筋肉などの原料となるのでしっかりとりたい! 髪の毛、肌、爪、血液もたんぱく質からつくられるので、不足すれば代謝がスムーズにいかず、髪の毛バサバサ、肌はカサカサです。

たんぱく質源としてプロテインを活用することもありますが、あくまでも補助。やはり栄養は食事からとらないとだめです。

いろいろなテイストの
プロテインドリンクで
いつでもどこでも
栄養補給。

Hidetore
Breakfast
Lunch
Dinner
Breakfast
Lunch
Dinner
#Meal &Style
いいね!

3食それぞれでとるエネルギー量とできる体型が一目瞭然。どうする?

今日はカラダがたんぱく質と脂質を欲しているので、お肉をしゃぶしゃぶで。

Hidetore
いいね!
#Cooking

うちの実家は農家。実家から送ってもらったお米。

Rice

Delicious!

食べたものが自分のカラダをつくるわけだから、添加物のないなるべくカラダが喜ぶものをとるように心がけています。食品を買うときは食品成分表をみるのがクセ。ボクの実家は農家で、お米や野菜を送ってくれるから、新鮮なものをとることができるのは嬉しい限り！植物は水や栄養を与えなければ枯れてしまうし、与えすぎると腐ってしまう。この腐った状態を人間にたとえると肥満でしょ。

何をどのくらい食べればいいか本当はみんな自分でわかってるはず。「食事」は"人を良くする事"、「食物」は"人を良くする物"と書きます。カラダも心もよくなる自分なりの食べ方をみつけましょう。

オススメFOOD ベスト3

1 スパイス

発汗作用も高まり代謝もアップ。デトックス効果で体内を浄化!

2 玄米

ミネラルや食物繊維が豊富。噛み応えありなので食べすぎ防止にも。

3 たんぱく質源

肉、魚、豆、卵、豆腐など何でも。カラダの原料だから重要だよ。

Hidetore
SMOOTHIE
#Protein

プロテインも活用!飲みやすいのでお気に入り!

Get Protein

先生　歯周病菌がさまざまな病気の原因になることがわかってきました。口の中をみたらその人の寿命がわかるという歯科医もいるほどです。口腔内の状態は全身の健康と深くかかわっています。

ヒデトレ（以下ヒデ）　噛み合わせや歯並びも関係していますよね。

先生　もちろん。噛み合わせや歯並びが悪いと、腰痛や肩こりにつながるケースもあります。

ヒデ　ボクが先生に歯の矯正をお願いしたのも、全身への影響を考えたから。先生は無理だと言われていることでも、どうしたらできるかを一生懸命に考えてくれるから頼りになります！　まだ治療の途中だけど、顔が締まってしゅっとしてきたし……。

先生　口腔ケアの重要性に気づいてくれて嬉しいな。

ヒデ　ほんと、体は全部つながっているんだなと実感します。

噛み合わせが悪いと太る？

口腔ケアで健康なカラダをつくる

口腔ケアは全身の健康に不可欠――そうしたスタンスで
治療にあたる歯科医の中谷一空先生はヒデトレの理解者のひとり。
カラダづくりと口腔ケアについて熱いトークを展開!

どうですか?
Ahhhhhh
口開けて!矯正の具合はどうかな?
口を開けるのも表情筋のトレーニング!
Dr.nakatani

TALK
ヒデトレ対談
1

先生　たとえば、歯の左側の噛み合わせが悪いとしましょう。この場合、左側の歯で一生懸命噛もうとするので、まず、左側の表情筋が緊張して顔がゆがみます。

ヒデ　すると、口角の高さが違ったり、ほうれい線の深さや角度が左右非対称になったり?

先生　しますね。こうして顔がゆがむと、左側の首の筋肉も緊張してきて引っ張られ、頭の位置も変わり肩の筋肉まで緊張します。カラダのバランスが崩れることで、背骨や骨盤がゆがんでしまい、腰痛につながったり、片方の足に体重がかかり脚の長さが違ってきたり……とにかく、全身のトラブルにつながるのです。

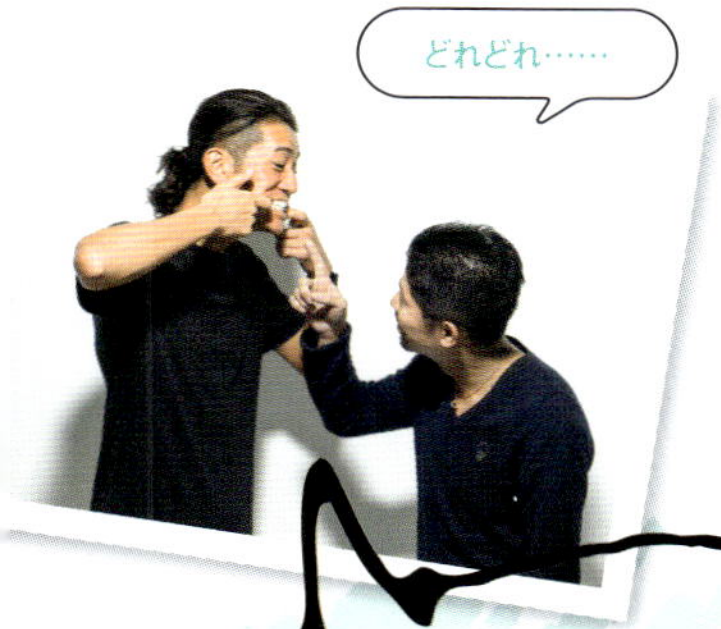

矯正して**顔がしゅっと**してきて**カッコよく**なった!

ヒデ　でも、噛み合わせは命にかかわることがないので、みんな放置しがちなんだよね。

先生　噛み合わせが悪いとよく噛まずに飲み込んでしまうので、早食いになる。これは食べすぎにつながるので、噛み合わせが悪い人は太りやすいといわれます。

ヒデ　体型にもかかわってくるんですね。

先生　噛み合わせはパフォーマンスにも影響します。噛み合わせがいいとパワーをだしやすくなるので、一流のアスリートは噛み合わせをとても大切にしますね。歯並びの悪いアスリートは、治せばもっとパフォーマンスがよくなる人もいるはず。噛むというのは、脳への血流をよくしたり、表情筋のこわばりをほぐすことにもなる。

ヒデ　表情筋も動かさないと硬くなります。よく噛むことも表情筋のトレーニング。しわの原因になるので、意識的に口角を上げて笑ってといってます。それとボクは口呼吸ではなく鼻呼吸をすすめていますが、鼻呼吸と口腔内の関係は?

先生　歯並びが悪かったり、出っ歯だったりすると口が閉じないので鼻呼吸がうまくできずに口呼吸になってしまうんですね。

ヒデ　口の中って大切なんですよね。口呼吸は口内が乾燥し、口臭の原因にもなります。カラダをケアすることと合わせて、噛み合わせなどの口腔ケアにも関心を寄せていただきたいですね。

先生　その通りです。

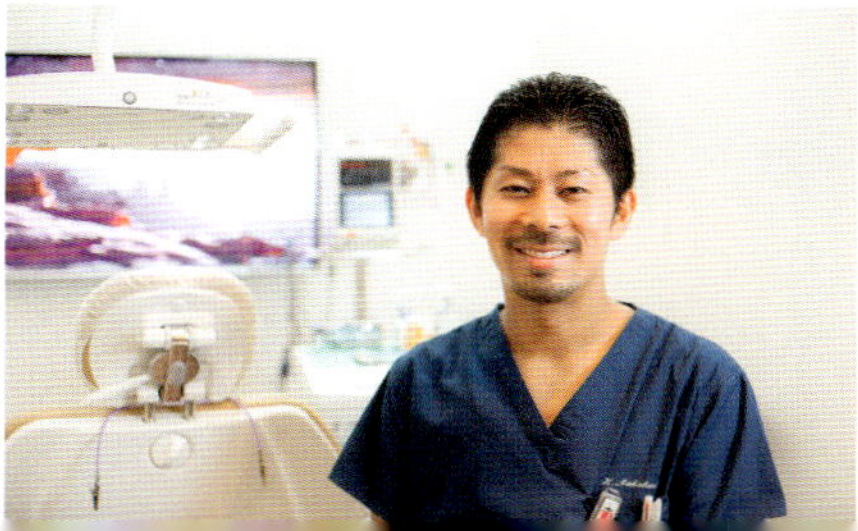

中谷一空
/ KAZUAKI NAKATANI
木更津きらら歯科院長。専門は歯周病、インプラント、補綴(ほてつ)、マウスピース。口腔ケアを重視し健康との関係からその啓蒙にも取り組む。

My Hidetore Report
私たちのヒデトレ体験記

モデルやタレントたちのカラダづくりをサポートするヒデトレ。
ヒデトレフリークたちの声を聞いちゃいました！

カラダを動かしてきれいに
麺棒ゴロゴロが日課！
腕と背中をさらにシェイプ

「以前から（ヒデトレの）インスタを見ていました。カラダの内側から変えてくれそうと思って知人に紹介してもらったのが、ヒデトレを始めたきっかけです。23歳からトレーニングをやっていますが、細かい筋肉を動かせるようになりたかったのと、カラダのケアを上手に行いたいという思いがあって。

ヒデトレを始めて、カラダはすぐに変わりました。できなかった動きができるようになり、首や腰まわりが柔らかくなったし、腕や肩甲骨の使い方もわかってきました。なりたいカラダになるために必要なことは何かを、トレーニングを通して教えてもらっています。そのおかげで、カラダとの付き合い方が変わり、以前のようにトレーニングをただがむしゃらに行うことはなくなりましたね。

今の目標は、腕や背中をもっと引き締めて健康的な体になること。自宅では麺棒を使った運動やMP関節のストレッチ、三点倒立も毎朝やってます。ヒデトレをやるたびに、カラダが目覚め、喜んでいるのがわかります！」

Photo 01

Photo 02

オーガニックのプロテインやオイルも愛用。

@angelica_michibata

名前	道端アンジェリカ
年齢	31
職業	モデル
体の悩み	腕と背中
日課のトレーニング	麺棒運動、MP関節ほぐし、三点倒立、お風呂でマッサージ
スポーツ歴	23歳からトレーニング

Report 01

@saramary12

名前	紗羅マリー
年齢	30
職業	モデル
体の悩み	バスト、お尻
日課のトレーニング	肩甲骨ほぐし
スポーツ歴	バスケットボール

Report 02

カラダと心を変えてくれた！

産後に始めたヒデトレでボディラインがきれいに

「ヒデトレを始めたのは、出産（2014年）後。子どもを産んでボディラインの崩れが気になって……友人に相談したところヒデトレが合うんじゃないとすすめられたのがきっかけでした。

初めてヒデトレを受けたとき、目に見えてカラダが変わったのにはビックリ。それに**カラダだけでなく気持ちも前向きになったのを覚えています。**

ヒデトレを続けて気づいたのは、**自分のカラダの状態がわかるようになったこと。**カラダを動かしていて、どこの筋肉を伸ばせば気持ちいいのか、どこが硬いのか、わかるようになりましたから。**神経の通りがよくなった感じ**です。

私は肩甲骨まわりが硬くなりやすいので、肩甲骨のストレッチは欠かせません。股関節ほぐしや胸を広げる運動も体が喜ぶ運動かな。

すぐにやせてしまうほうなので、女性らしいカーブのあるボディラインをキープするのとヒップアップが目標。こんな私のカラダづくりをスムーズに行える土台を整えてくれたのがヒデトレなんです」

Photo 01

Photo 02

背骨を動かして胸を広げる運動。ママになってもカラダづくりは大切！

しっかり動いて、
しっかり水分とって、
しっかり食べる。
これが美しさの土台。

Photo 01

Photo 02

写真で食事指導も

内からカラダをつくることの大切さを教えてくれました！

「ヒデトレを始めたのは30歳を過ぎてから。20代のときは運動しなくても勝手にやせてくれたのに、30代になってから体重は変わらないのにみた目がゆるんだ感じにカラダが変わってきて……筋肉がついたメリハリボディになりたいと、初めてトレーニングと食事改善に取り組みました。スポーツ経験があり体力に自信はあるほうだけど、ヒデトレをやってからはさらに体力がついた感じ！　カラダを効率よく動かせるようになったからだと思います。

あと、食事のアドバイスをもらえたこともよかった。食べたものを写真に撮って送り、これはもっと食べよう、これは控えようとアドバイスしてもらいながら食事にも気を付けました。人によって違う体質やクセなどを踏まえてトレーニングしてくれるのがヒデトレのよさかな。同時に、自分を内側からみつめ直すことの大切さも同時に教えてもらった感じです。いくらみた目がよくても、食事をおろそかにすれば、内側がボロボロ。これでは美しさは保てないですから」

@_ayaaa84_

Report 03

名前　亜弥
年齢　34
職業　アパレルディレクター サロンマネージャー・モデル
体の悩み　お腹、お尻
日課のトレーニング　麺棒運動
スポーツ歴　水泳、バレーボール

@saya.kagawa

名前	香川沙那
年齢	21
職業	モデル
体の悩み	お腹、お尻
日課のトレーニング	麺棒運動
スポーツ歴	ダンス、ジム通い

Report 04

呼吸や姿勢を最優先！

自分のカラダへの観察力や思いやりが生まれました

「ヒデトレはモデル仲間の間でも話題のトレーニング。女の子をきれいにしてくれることで有名。自身のボディメイクのためということもありましたが、どんなトレーニングなのか体験したいなって。

　初めてレッスンを受けたときは、なんのためにこの運動をするのか、この運動をするとカラダはどうなるのか、細かく教えてくれたのが心強かったです。

　ヒデトレをすることで、カラダそのものが変わりましたが、カラダとの向き合い方にも変化が……たとえば運動中、どの筋肉が動いているのか、どこが痛いのかなどなど、カラダを観察するクセがつきました。カラダへの思いやりも湧いてきた気がします。

　メンタルもカラダの一部だとよくいわれました。だから、トレーニングでハードに動きたくないときは、こちらの状況を察して対処してくれるので安心できました。

　呼吸や姿勢を見直すだけでカラダは変わります。正しい方法はカラダに負担をかけないということも、少しずつ実感しています！」

Photo 01

時間をみつけてできる麺棒ゴロゴロが日課。トレーニングの成果は鏡でしっかりチェック。

@makikudooo

名前	工藤万季
年齢	29
職業	一般社団法人 BHCL 協会代表 キッチャリークレンズプロデューサー
体の悩み	体のゆがみ
日課のトレーニング	麺棒運動
スポーツ歴	ヨガ、筋トレ

Report 05

動けるカラダに変える！

食と運動で目指すのは健康的なメリハリボディ

「ヒデトレを始めたのは5年前。ボディメイクとカラダを整えるためというのがその理由。初めてのレッスンでは、その熱い！指導に引き込まれました。自分の体を内側からみられるように働きかけるのもヒデトレのよさです。

　ヒデトレを続けていると、自分のカラダのどこが使えていて、どこがよく使えないのかがわかります。カラダを動けるように変えていくのがヒデトレ。また、腹筋をかためてしまうとウエストは細くならない、あるいは、太ももが太いのはお尻が使えていないから、など悩みのあるカラダの部位のメカニズムもよくわかりました。

　今、目指しているのは、がりがりではなく健康的なメリハリあるボディ。週1～2回の筋トレやヨガと合わせて、ヒデトレ流ストレッチや麺棒運動を続けています。

　私は現在、アーユルヴェーダのデトックスメニューをベースにした食事法〝キッチャリークレンズ〟を指導しています。食と同じように運動も、心や体へ大きな影響を与えているのを実感しています」

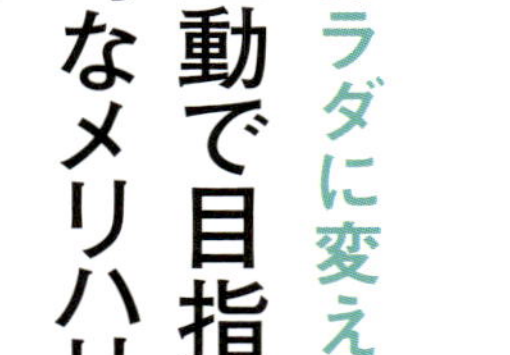

Photo 01

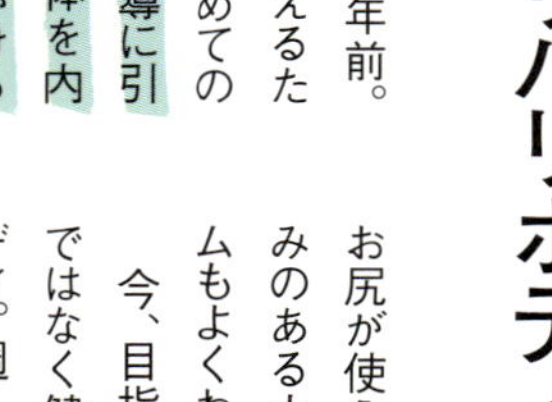

Photo 02

キッチャリーは
お米と豆に、野菜や
スパイスを加えたお粥。
デトックス効果あり！

A NEW WAY TO MAKE A
BEAUTIFUL BODY !

RECIPE 3

美しいカラダをつくる
部位別レシピ

You Can Design Your Body By Yourself

自分のカラダは自分でデザインする

カラダづくりを指導するボクにとって重要なのは、その人がどんな体になりたいのかということ。「やせたいけど、どうすればいいの？」とよく聞かれますが、ボクは「どうやせたいの？　どんなカラダになりたいの？」と聞き返します。ゴールを決めるのはその人自身です。なりたいカラダ像を自分でイメージして、言葉にして伝えてもらう。ボクはみなさんが決めたゴールに向かって手助けするだけ。ゴールもわからないままアドバイスできないですよね。

なりたいカラダを決めるときには、自分のカラダを鏡でみて観察してみて。そして写真を撮る。自分のカラダの今を知り、どう変えていくべきかを客観的に考えることができるはずです。

ウエストを引き締めたいのか、脚を細くしたいのか、悩みは人それぞれ。この章では、部位別のトレーニングを紹介していますが、これまでに紹介したストレッチを行ったあとで取り組んでいただきたいですね。

基本的に、ボクはひとりでもできるトレーニングしか教えません。なぜなら自分ひとりでできるようになって、ずっと続けてほしいから。

それと知っておいてほしいのは、運動以外の日々の生活でのカラダの姿勢や動きも大切だということ。しっかり足裏をつけて立つとか、骨盤はまっすぐに立たせるとか、生活の中でカラダの動きに気を付けるだけでほんとはトレーニングになるんです。当然、運動効果も高まるので、カラダとしっかり向き合って日々過ごしてくださいね。

締める

退化してしまった
お腹の筋肉をアクティブに。
ぽっこりお腹を解消してすっきり!

Make Your Body Parts Beautiful

下腹エクササイズ①		足上げ腹筋
DVD収録…… 有 ・ 無	回数の目安……10回	

1

仰向けになり、ひざを曲げ、すねが床と平行になるようにし、手のひらは床につける。

2

下腹を縮めるようにしてやや肩を上げ、お腹をみて1に戻す。10回繰り返す。

Make Your Body Parts Beautiful

下腹エクササイズ②		ひざつき腹筋
DVD収録…… 有 ・ 無	回数の目安……10回	

1

両足は肩幅に開き、四つん這いになる。肩の下に手がくるように。

2

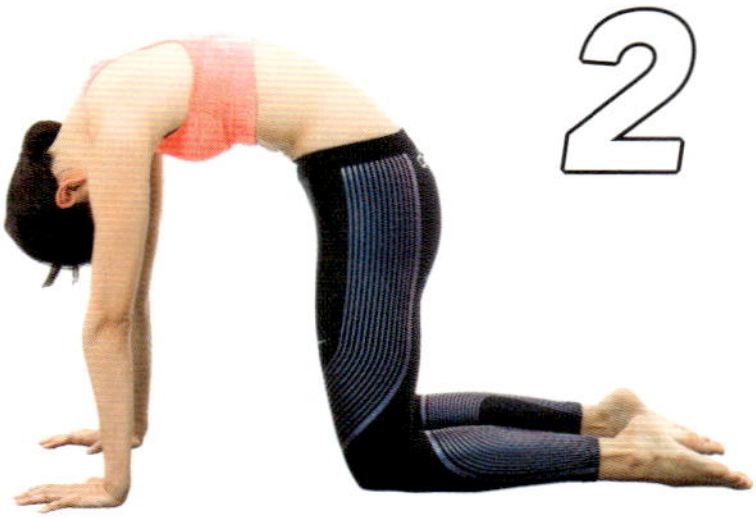

背中を丸めお腹を縮めて3呼吸キープ。1に戻って10回繰り返す。

下腹を引き

Make Your Body Parts Beautiful			
下腹エクササイズ③		お腹ツイスト	
DVD収録……有・無	回数の目安……10回		

2

下腹を縮めると同時に腰を丸めるようにして、両太ももを体に引き寄せる。

1

ひざを曲げて座り、尾てい骨をしっかり床につけ、両手は指先を体に向けて後ろにつく。

+a

物足りない人は、両足を揃えて曲げ、腰を左へねじりながら両脚を体のほうへ寄せる。伸ばして今度は右にねじりながら同様に。

3

下腹に力を入れ腰が反らないようにして、両脚を前に伸ばす。2に戻って10回繰り返す。

腰が反ったり、ひざが曲がってしまうのは腹筋を使えていない証拠。

Hidetore

つくる

くびれたウエストは女性らしさの象徴。
筋肉をしっかりゆるめて
伸ばすことが第一歩。

Make Your Body Parts Beautiful	
くびれエクササイズ①	**ウエスト引っ込め**
DVD収録……　有・ ~~無~~ 　回数の目安…… *10* 回	

肩の力を抜いて立つ。背筋が丸まらないように上に引っ張られるイメージで。

足を肩幅に開いて、腰に手を添え、呼吸は止めずお腹を思いきりへこませてキープ。お腹の力を抜いてリラックスしたら同様に10回行う。

> お腹をへこませたポージングはカラダが記憶してくれる。一瞬でもいうのができたことはまたできるというのがボクの持論。だからきれいなポージングをとるのもトレーニングのひとつ。

Keep it up!

76

くびれを

Make Your Body Parts Beautiful

くびれエクササイズ②		ウエストねじり
DVD収録……有・無	回数の目安……左右10呼吸ずつ	

And More
いろいろな方向に
動かしてみて
2
1

1　右手を伸ばして上げ、右脚は左斜め後ろに引き、顔は右斜め上をみる。

2　左手で右手首を持って引っ張り、体を横に倒し、右脇腹を伸ばす。反対側も同様に行う。

を整える

お尻や太ももの筋肉を
ほぐして鍛えれば、たるみのない
美しいラインの下半身ができる!

Make Your Body Parts Beautiful

お尻と太ももエクササイズ①		お尻フリフリ
DVD収録……有・無	回数の目安……左右10回ずつ	

2

反対側も同様に行い、左右交互に。お尻の筋肉が伸びるので、骨盤や股関節まわりの柔軟性も高まる。

1

両足はこぶしひとつ分あける。両手を腰において立ち、右ひざを曲げ、左ひざは伸ばしたまま、左側のお尻を後ろに突き出すようにしてキープ。

できない人は……

テーブルやベッドなど動かない家具を利用。両肘をついて行うと楽にできる。

Be Careful!

これはNG!

背中が丸まってしまうとお尻や太ももの筋肉が伸びないのでストレッチの効果なし!

お尻と太もも

Make Your Body Parts Beautiful

お尻と太ももエクササイズ②		太もも伸ばし
DVD収録…… 有・無	回数の目安……左右10呼吸ずつ	

1

左ひざは曲げて左足は横にずらし、右脚を後ろに伸ばし、両手は床につき体を支える。

2

上体を起こして背筋を伸ばし、右脚の付け根部分が伸びているのを感じて。反対側も同様に。

And More

前からみると

左側のお尻は床に押し付けるようにして、右脚の付け根も床から浮かないようにする。

つらい人は56〜57ページの運動で柔軟度を高めてからトライしてみてね。

Fight! Fight!

Make Your Body Parts Beautiful

お尻と太ももエクササイズ③

DVD収録…… 有・無　回数の目安……左右10呼吸ずつ

股割り

1

肩の力を抜いて立つ。頭は天井から引っ張られているイメージで。

2

足を大きく開いてつま先は外側に向け、ひざは90度に。背中をまっすぐにしたまま腰を落とし、両手はひざにおく。

3

右肩を前に出しながら、右手で右ひざを押し、右脚の付け根を伸ばしてキープ。

Be Careful
これはNG!

腰を落としたときに腰や背中が丸まらないように。

4

2の姿勢に戻り、左肩を前に出しながら、左手で左ひざを押し、左脚の付け根を伸ばしてキープ。

Make Your Body Parts Beautiful

お尻と太ももエクササイズ④

DVD収録…… 有 ・ 無

回数の目安……左右10呼吸ずつ

下半身ほぐし

Start!

1

脚を伸ばして座り、写真のように右脚を左脚とクロスさせる。右ひざを両手で抱え引き寄せる。

2

両手をついてお尻を上げ、左ひざを曲げる。

3

そのまま、お尻を床につけて座る。股関節が硬く座れない場合は、お尻の下に座布団を敷いたり、クロスした脚をゆるめてOK。

4

両手を上げ、左手で右手首を持ち、背筋を伸ばす。上に伸びるイメージで。

5

そのまま左へ体を倒し、右脇を伸ばしてキープ。

6

4の姿勢に戻り、今度は右手で左手首を持ち、体を横に倒し、左脇を伸ばしキープ。脚を組みかえて同様に。

Complete!

すっきり

腕と肩を動かして肩甲骨をしっかりほぐす。これでもたつく背中もすっきり! 背中美人に!

1

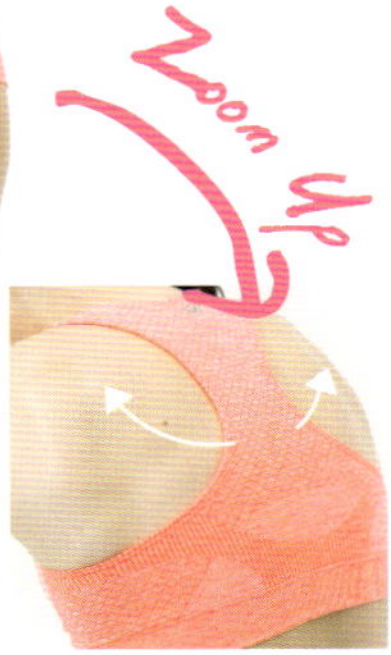

両足はこぶしひとつ分あけて立つ。両ひざを軽く曲げ、両腕を床と平行に前に出し、背中を丸めて、左右の肩甲骨を外側に開く。開くときは、息を吸いながら背中に息を入れてあげる感じで。

2

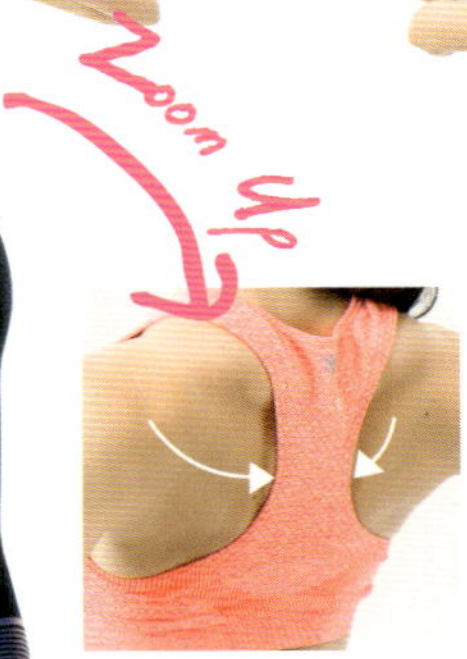

両ひざを伸ばし、両肘を後ろへ引き、胸は斜め上に突き上げるようにして息を吐きながら左右の肩甲骨を中心に寄せる。左右の肩甲骨でものをはさむイメージで。

慣れないうちは、肩甲骨をゆっくり動かしてあげて。慣れてきたらスピードアップ。リズミカルに行って。

Keep it up!

Make Your Body Parts Beautiful
背中エクササイズ①
DVD収録……有・無
回数の目安……10回
背中ほぐし

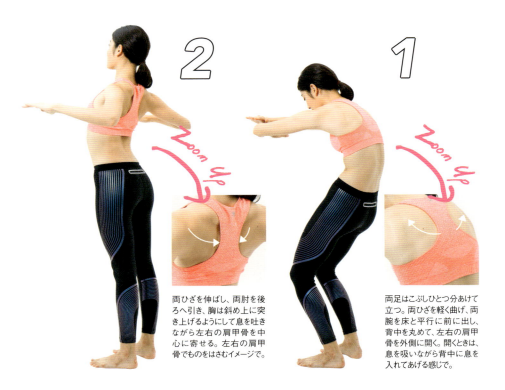

背中を

Make Your Body Parts Beautiful

背中エクササイズ②

DVD収録…… 有（〇）・ 無

回数の目安…… 10 回

背中センター寄せ

1

足は肩幅に開き、両手をまっすぐ上げる。肩が上がらないように注意。

2

両肘を曲げて下げながら、肩甲骨の下の部分をぎゅっと締め込むように。肩甲骨を締めてキープ。

Make Your Body Parts Beautiful

背中エクササイズ③

DVD収録…… 有 ・ 無（〇）

回数の目安…… 10 回

背中アップ＆ダウン

1

足は肩幅に開き、両手を上げ手のひらを合わせる。

2

左右の肩甲骨を中心に寄せながらお尻の後ろで手のひらを合わせる。腕ではなく、肩甲骨から動かすイメージで。

にアップ

胸が垂れてしまうのは、胸の筋力が退化しているから。胸の筋肉を鍛えれば形のよいバストに!

Make Your Body Parts Beautiful		
バストエクササイズ①		胸伸ばし
DVD 収録…… 有 ・ 無	回数の目安…… 10 呼吸	

胸伸ばし

2

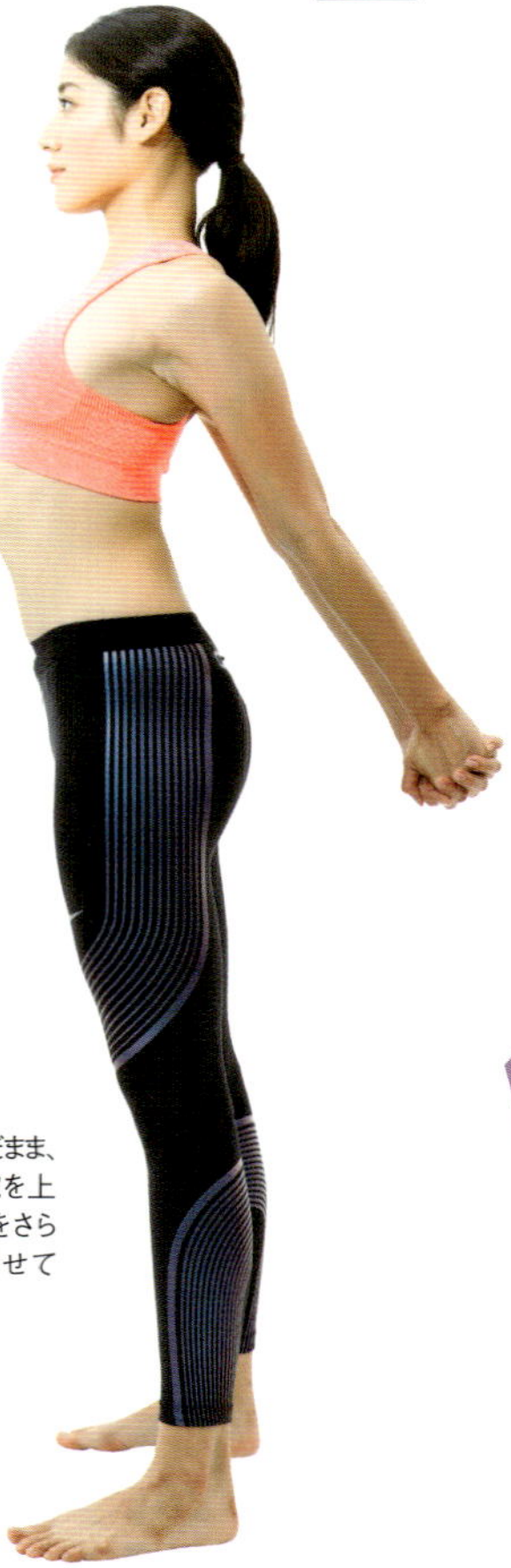

両手を組んだまま、できるだけ腕を上げ、肩甲骨をさらに中心に寄せてキープ。

1

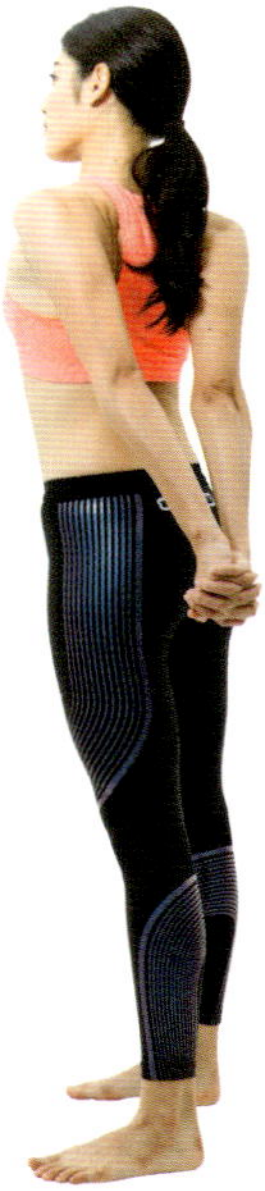

足を肩幅に広げ、左右の肩甲骨を中心に寄せて手を後ろで組む。胸は大きく開いて。

美バストづくりには、肩甲骨の柔軟性が大切。硬いと猫背気味になり、バストが垂れたり、正しい位置にこないので美しくない!

バストをきれい

Make Your Body Parts Beautiful		
バストエクササイズ②		合掌胸伸ばし
DVD収録……有・無（有に丸）	回数の目安……10回	

合掌胸伸ばし

1

足を肩幅に開き、胸の前でボールもしくは、バスタオルを両肘ではさむ。

2

両肘でボールをはさんだまま、手を真上に動かして両肘を上に上げる。胸の筋肉に力が入っているのを感じて。ボールのかわりに、バスタオルを厚めにたたんで使ってもOK。

これはNG!
写真のように肘を上げてしまうと胸の筋肉にはぜんぜん効きません。

をほっそり

きゅっと締まった足首、引き締まった脚……ほぐして動かすことから始めてみて!

Make Your Body Parts Beautiful

ふくらはぎ&足首エクササイズ①		すね縮め
DVD収録……有・無	回数の目安……左右10回ずつ	

1

右脚を前に出してかかとを床につける。つま先を上げ、右のすねの筋肉が収縮しているのを感じてキープ。

2

つま先は床につけたまま右足の甲を伸ばして、ふくらはぎに力が入ることを感じてキープ。1→2を10回繰り返す。左脚も同様に。

ふくらはぎと足首

Make Your Body Parts Beautiful		
ふくらはぎ&足首エクササイズ②		足首伸ばし
DVD収録……有・無	ストレッチの目安……左右10呼吸ずつ	

1

正座になり、左ひざを立て左足裏を床につくようにする。背筋は伸ばして肩の力は抜く。

2

Zoom up

上半身を倒し、左のアキレス腱を伸ばす。左足裏が床から離れないようにする。反対側も同様に。

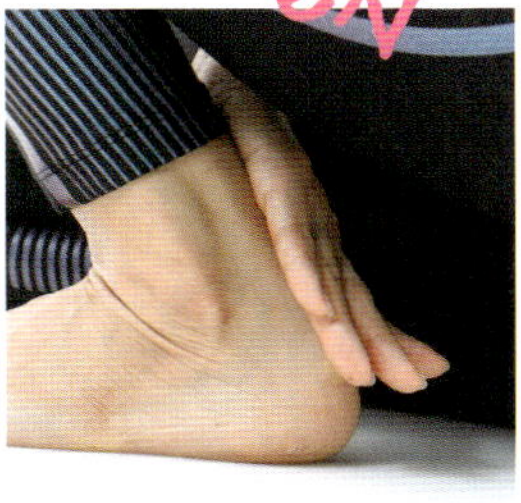

アキレス腱を伸ばすことで、足首まわりがすっきり。足首のアキレス腱側の皮膚が伸び、足首の可動域が広くなる。

ボクは脚が長いっていわれるけど、そうじゃなくてふくらはぎの位置の問題。ふくらはぎの位置が高くなると、脚長にみえるんだよ。
Fight! Fight!

二の腕をシェイプ

二の腕の筋肉をほぐして、鍛える！　もたつくプルプル二の腕をしっかり引き締め！

Make Your Body Parts Beautiful			
二の腕エクササイズ		二の腕支え	
DVD収録……有・無（有に丸印）	回数の目安……10回		

二の腕支え

腕はしっかり曲げて、しっかり伸ばすこと。腕を曲げたとき肘が外側に開かないようにして。胸から肩にかけて筋肉が伸びているのを感じて。

Check Up

1

ベッドやソファーなど安定した家具などに手をつき、お尻を少しつけて座る。

2

脇を締めて腕を曲げて、お尻や背中をまっすぐ下におろし、ゆっくり上げる。

これはNG！

家具から背中やお尻が離れないように注意。

ヒデトレ
流儀!!

Vol.03 **Relax**

Hidetore
いいね!

Hidetore
いいね!
#Power Spot

ストレス解消は
青空の下で"スラムダンク"。
英気を養うときは
近所のパワースポットへ。

五感を働かせて自分のカラダと対話する

できるアスリートなどは試合前に曲を聴いて気持ちを高めます。一般の人でも、元気を出したいときはアップテンポな曲を聴き、反対に曲で気持ちを落ち着かせるということも。リズムと心拍数は同調するんですね。

カラダは音だけでなく、香り、色、光などの影響を受けます。さまざまな刺激を受けると五感がフルに働くので、このときカラダがどう感じているかを感じとってみてください。心地いいのか、居心地が悪いのかを知れば、自分の目的に応じた最適な環境をつくることができます。たとえばボクの場合、家では読書をしたり、曲を聴いたり……集中したいので、部屋は白で統一。刺激色だと目に入り意識が外に向いてしまうから。

外で受ける刺激も大切。緑の中をゆっくりウォーキングする、自転車に乗って風を感じる、青空の下で体を動かす、どれも五感を働かせるボクのリラクゼーション法です。

Music
DOUBLE EXPOSURE

ストレッチするときは
体がリラックス
できる曲を流す。

#Bicycle
いいね!

街の移動は
風を感じながら
自転車でライドオン。

Reading
Books

読書でリラックス。
さまざまなジャンルの
ものを読む。

兄・ヒデトレ＆弟・タツトレ

カラダが変われば人生が楽しくなる!

カラダを目覚めさせ
生きやすいカラダをつくるヒデトレ。
同じパーソナルトレーナーの職業につく、
弟のタツトレは兄である“ヒデトレ”をどうみているの?
ふたりのボディトークがスタート!

TALK
ヒデトレ対談 2

タツトレ / *tatsutore*
パーソナルトレーナー。筋肉トレーニングによる美しいヒップラインづくりに定評がある。ヒデトレのマネージャー的存在でもある。

タツトレ(以下タツ)　ボクがカラダに興味を持ったきっかけは、すでにパーソナルトレーナーをしていた兄のヒデトレのトレーニングとの出会い。その頃、サッカーをやめて72キロまで激太りしたカラダを〝ヒデトレ〟で変えることができた。

ヒデトレ(以下ヒデ)　そうそう、当時タツはお菓子ばっかり食べてたから。ボクからいわせると太るのはあたり前。お菓子はカラダづくりの原料にならないから。

タツ　コンビニのお菓子の棚に連れていかれ、これを食べてつくられるカラダと、しっかり栄養とってつくられるカラダはどっちがいい?とよく諭された。そのうち、お菓子を買いにいくたびにヒデの言葉が頭に浮かぶようになって、お菓子は必要ないって思えるようになり、

Let's Stretch!!

お菓子からは卒業。ヒデに洗脳されたんだ（笑）。

ヒデ　考え方が変われば、それが行動に出るもの。本気でカラダづくりしたい、そのためには何が必要か、取り組む覚悟ができたってこと。

タツ　太ももが太いのもコンプレックスだったし……。

ヒデ　タツは小指側に重心がかかるクセがあったから、太ももの外側が太くなった。

タツ　ヒデから足裏を全部使って立ったり、歩いたりするようにと教えてもらい、それを実践したんだよね。

ヒデ　そうそう。

タツ　トレーニングもしないで、それだけで脚の形が変わったのにはびっくり！　太ももやお尻も引き締まってきたからね！　あのときは、自分のカラダが変わってとっても嬉しかった。それに自信もつい

筋トレでカラダを外側から変える方法をヘルプ!

by Tatsutore

たし、気持ちも前向きになった。

ヒデ　足裏は使っているようで使えてない人が多いから。足裏は運動の起点。上手に使うと神経回路も活性化、これまで働いていなかった筋肉が目覚め、カラダの使うべき筋肉が使えるようになるんだ。

タツ　カラダは変えられる! こんな気持ちをほかの人にも伝えたいと思ったのも、ボクがトレーナーになった理由のひとつ。

ヒデ　きちんと立つだけで脚は細くなる。だから立つ、歩くなどの日常動作を正しく行えばそれが立派なトレーニング。消費エネルギーも増えるし、余計な筋肉もつかなくなるってわけ。

タツ　ヒデは自分のカラダもそうやってつくってるんだよね。今でもカラダのことに関してヒデがボクの先生。ボクも立ち方を教えてから、基本的な筋肉トレーニングを教えるようにしているよ。

ヒデ　ボクが教えるのは、カラダの内側に働きかけて動けるカラダをつくる方法かな。そのためには自分のカラダを感じることが大切だから、トレーニングではそこに重点をおく。

息が体内を巡っているのを感じる、背骨が伸びているのを感じる、動かしたときにカラダがどう反応するか。お箸の使い方は教えてもらったけど、指の動かし方までは教えてもらってないよね。ボクのトレーニングは指の動かし方を教えるようなもの。

タツ　自分のカラダと向き合う方法を教えてくれるのがヒデトレ。ボクは外側の筋肉を鍛えるアウター担当だけど、ヒデはインナー担当かな。ヒデトレやっている人がボクのところにくるケースもあるわけだけど、カラダの使い方がとても上手。

ヒデ　本来であればよく動くのに使えていない人が多いんだ。これができるようになれば、自分のカラダを好きなようにデザインできる。あとはやるか、やらないかだけ。自分が思い描くカラダになれば気持ちもアップ。自信を持って発言したり行動したりできるようになる。そんなふうに取り組めば結果はおのずと変わる。カラダがかわれば人生が変わるはず！

タツ　成功するかは、自分の考え方や取り組み方ひとつなんだよね。

by Hidetore

カラダを目覚めさせる方法と カラダとの向き合い方を教えます!

ヒデトレを知る Q&A

**独自のメソッドで、
モデルや芸能人など
多くの著名人の
体づくりをサポートするヒデトレ。
どんなキャラなの？
このページで、
ヒデトレがもっとわかる！**

Q フィットネスに興味を持ったきっかけは？

A ずっと楽しい仕事をしたいと思っていたんだけどなかなかみつからなくて。じゃあ、楽しそうに仕事をしている人に目を向けてみようと。そんなときに出会ったのが、あるスポーツクラブのインストラクターで、その人がいるスポーツクラブで働くようになったのが、フィットネスに足を踏み入れるきっかけでした。

Q 運動やスポーツは好き？

A 運動は苦手なほうでした。ボール投げとかも、カラダが思ったように動かないから、うまくできない。走るのも苦手で、弟のタツトレとは大違い。それに、ボク、朝起きれなかったり、頭痛持ちだったり、虚弱な子だったんだよね。薬もたくさん飲んでいたけど、なかなか不調はとれなかったな。

Q 今は不調はあるのですか？

A 今は健康体そのもの。トレーニングするとカラダだけでなく心も強くなるんだよね。パーソナルトレーナーになるために、解剖学や運動生理学、栄養学など勉強し、体のしくみや動きのメカニズムを学ぶ中で、カラダは変えられると確信を持つことができた。実際に、自分も変わったしね。

Q どうしてパーソナルトレーナーになったの？

A スポーツクラブで指導していたとき、画一的なトレーニングメニューを提供することに違和感を持って……ひとりひとりに合ったメニューじゃないと意味がないと。なりたいカラダは人によって違い、それにきちんと応えたいと思って。これが独立してパーソナルトレーナーになった理由かな。

Q 毎日トレーニングしているの？

A 毎日はしていません。器具を使った筋トレとかもほとんどしないかな。調子悪いなと思ったらストレッチしたり麺棒で足裏を刺激したり……カラダの声をしっかり聞いて対応しているだけ。

Q インスタには、解剖図などがのっていますが……

A みんなにカラダのことをもっと知ってほしいから。皮膚の下には、脂肪や筋肉があり、内臓や血管もある。それらを全部とりはらって残ったものが骨。自分のカラダを変えるためには、まず自分のカラダがどんな構造か知らないとね。

Q 海外で教えることもあるとか……

A はい、ロサンゼルス、オーストラリアなどにも行って指導します。日本人とは骨格や筋肉のつき方が違うので、自分にとっても勉強になります。

Profile

監修／#ヒデトレ
モデル・タレント、スポーツ選手など第一線で活躍する方から支持されるパーソナルトレーナー。インスタグラムで話題となり、日本のみならずアメリカ、オーストラリア、中国、韓国、台湾、ベトナム、イタリア、チュニジア、スペインと世界各国でも活躍する実力の持ち主。潜在能力を引き出す独自のレッスンで妊婦や経産婦、シニアなど年齢性別問わず、その人のカラダに合わせて根本から改善していく。独特のキャラクターと職人気質のヒデトレは、カラダを通じて考え方も進化させ、脳にまで訴えかけるパーソナルレッスンでクライアントの能力を最大限に引き出し、五感を進化させることも特徴の一つ。カラダが喜ぶ食事をテーマに、飲食店メニューのプロデュースに携わるなど、トレーニングのみならず食事や健康、美容のスペシャリストとしても幅広い分野で現在活躍中。「sensitiveなJapaneseカルチャーを世界へ…」
instagram @hidetore

実演／村山和実（むらやまなごみ）
2011年ミスインターナショナル日本代表。モデルとして様々な誌面を飾り、2015年「KOBE COLLECTION 2015 AUTUMN／WINTER」にランウェイモデルとして出演。ウォーキングスタイリストの資格を所持し、ウォーキングトレーナーとしても活躍中。女性の多方面でサポートしていくトータルビューティーデザイナーでもあり、ウォーキングだけでなく「美しく見える立ち方」＝「姿勢改善」「話し方」「メイク」など印象がグッと良くなるレッスンから「カラーコーディネート」まで幅広く提案している。
ウォーキングスクール開講中!　http://www.nagomi-murayama.com/

Staff

スチール撮影／是枝右恭
ヘアメイク／高松由佳
スタイリング／露木 藍
人物イラスト／ミヤタチカ
人体イラスト／トキア企画
DVD制作／グラフィット
DVDプレス／イービストレード
ディレクション／荒尾彩子（Concent,inc）
アートディレクション／桜庭和歌子（Concent,inc）
デザイン／上田彩子（Concent,inc）
校正／本郷明子
編集／上原千穂、和田方子
衣装協力／NIKE JAPAN

痩《や》せる、鍛《きた》える
きれいなカラダ作《づく》りの新《しん》ルール
#ヒデトレ
監修／#ヒデトレ　編著／朝日新聞出版　発行者／須田 剛
発行所／朝日新聞出版　〒104-8011　東京都中央区築地5-3-2
(03)5541-8996（編集）(03)5540-7793（販売）
印刷所／図書印刷株式会社

ISBN 978-4-02-333139-6